国际商法经典案例系列丛书

美国版权法案例选评

陈剑玲　编著

对外经济贸易大学出版社
中国·北京

图书在版编目（CIP）数据

美国版权法案例选评／陈剑玲编著．—北京：对外经济贸易大学出版社，2012

（国际商法经典案例系列丛书）

ISBN 978-7-5663-0381-3

Ⅰ．①美… Ⅱ．①陈… Ⅲ．①版权－著作权法－案例－分析－美国 Ⅳ．①D971.23

中国版本图书馆 CIP 数据核字（2012）第 160136 号

美国版权法案例选评

陈剑玲 **编著**

责任编辑：阮珍珍

对 外 经 济 贸 易 大 学 出 版 社

北京市朝阳区惠新东街 10 号 邮政编码：100029

邮购电话：010－64492338 发行部电话：010－64492342

网址：http://www.uibep.com E-mail：uibep@126.com

北京市山华苑印刷有限责任公司印装 新华书店北京发行所发行

成品尺寸：157mm×230mm 10.75 印张 182 千字

2012 年 8 月北京第 1 版 2012 年 8 月第 1 次印刷

ISBN 978-7-5663-0381-3

印数：0 001－3 000 册 定价：19.00 元

总　序

我们对外经济贸易大学法学院，作为财经类院校中的法学院，其主要任务就是为两个市场，即国内市场和国际市场培养高级实用型法律人才。市场和社会的需要就是我们教学的目标。财经类院校的法学专业，历史短，经验少，但专业对口，置身于市场经济之中，社会需要量大，就业率高，容易办出特色，能满足市场和社会的需要，这是办好此类院校法学教学的强大动力。他们将在建立我们社会主义市场经济的过程中，在建立社会主义的法治过程中起着重要的生力军作用。

为了达此目的，即为了使该类院校的法学教学能担负起上述任务，其教学内容和教学方法都应具有自身特点。

我们经贸大学法学院，自建立国际法专业以来（1984 年）就长期坚持具有特色的教学方向和教学方法。经过近二十年的努力，已经取得了一些成果，尤其在培养适应市场要求的三会人才方面，即培养我们的学生既懂法律，又懂经贸，还能熟练运用外语（英语）的综合性人才方面，积累了一些经验，经住了社会和市场的验证，本院的毕业生，特别是硕士生的就业率一直居高不下。2002 年我院的这一专业被评为全国重点学科；经过激烈的招投标竞争，该专业也荣幸地承担了欧盟法律专业人士的法律培训任务。在该专业的博士生中，来自美国、英国、法国、韩国、日本等国及香港、台湾地区的学生正在日益扩大。

实践证明，在法学教学中实行案例教学，对于培养学生的综合分析问题能力，分清主次和识别真伪能力以及理论联系实际的能力方面起着直接的促进作用。通过案例教学，力求使在校的学生能有更多机会贴近社会，接触实践，使我们的教学能够达到下述宗旨，即研究理论为了解决实际问题，研究外国经验是为了解决中国问题。

我们法学院的国际法专业有两个教学和研究方向：一个是以 WTO 为主的国际经济法（公法）方向；另一个是以比较商法为主的国际商法（私法）方向。我们现在出版的系列案例教材，主要就是这两个教学方向上的研究成果。

在我们编写的系列案例评析中也包括相对成熟的英语案例，目的是为在本院的双语教学中有所依托。

最后要说明的是，本系列案例教材是对外经贸大学法学院“211工程”建设的一个组成部分，这里不仅凝结了法学院广大师生的心血，也包含了整个对外经贸大学从事“211工程”建设工作的教职员工和领导们的心血，作为现任法学院院长的我，在此向所有支持我院发展的同仁们表示最衷心的感谢。

对外经济贸易大学

法学院

目　录

第一章

版权的客体

第一节　思想和表达两分法

Baker v. Selden
美国联邦最高法院
101 U. S. 99 (1879)

案由：

原告 Charles Selden 于 1859 年得到一本书的版权，该书主题是关于一种簿记系统。原告起诉被告 Baker，声称其侵犯了书的版权。原告主张版权的这套簿记书包含了簿记系统的简评介绍，并附属有特定的表格。这些表格包括规则条例、标题表头、系统图解和使用方法。该系统也适用于复式记账系统。但簿中用单页或双页对开，通过其特殊的栏目和表头提供相应的选项，如一天、一周或一月。被告采用了相似的方案并可得到类似结果，但采用了不同的栏目布局和表头。如果原告拥有该簿记系统的专有使用权，被告将难以证明并未侵犯该专有权。尽管被告采用了不同的格式安排。假如该系统可供公众使用，可能就很难主张被告制作销售的簿记书侵犯了原告的版权，而只是对该簿记系统的说明书。

原告举证集中在证明 Baker 所使用的是与其拥有版权的书中所解释和阐述的相同系统。由此，能否证明原告所获得的书的版权是否包括了书所介绍的那个系统或簿记方法的使用权变得至关重要。原告主张他的版权已经包括了该权利，因为如果没有充分看懂书中所阐述的规则，不使用书中的标题，无人能知道如何使用该系统，即：这些规则和标题是这套书的一部分，因此同样受版权保护；因此其他人不得制作和使用类似的规则和标题，或是针对同一个系统的规则和标题，否则都是侵权行为。

因此，本案的焦点问题就在于，在版权法中，能否将对书的版权保护延伸到书中所阐述的簿记系统本身。

法院意见：

本案当时适用1831年生效的版权法，保护的对象仅仅为书本、地图、表格、音乐作品、印刷物和雕刻等。这种簿记方法并不属于当时法律所规定的某一特定类型受到保护的客体。因此，除非这种簿记方法被认为是书的一部分，否则不可能列入版权名目而获得保护。

毫无疑问，一种对通用的会计体系提供解释的簿记作品，可以成为版权保护的对象，但是仅仅是作为一本书得到保护。该作品是对老系统或是全新系统的解释，是作为作者创作的一本关于簿记信息的书，一种技术的详细描述，它对于社会来说是一个非常有价值的特殊知识。

暂以一种药物举例来看，假设某种药物对伤口愈合有很大的功效，如果发明者出版专著对该药物技术予以公开，他就不能对该药物的制造和销售获得任何排他性的权利，除非获得了该药物合成、制造及其成分的专利。或者，作者可以就他的书获得版权，但版权仅仅保障他对书的印刷和出版获得排他性的权利。

对于一本有关透视画法的书，无论其包含了多少绘画和插图，都无法获得这种画法的排他性的权利，即使别人都不知道或从来没用过这种画法。事实上，书中的介绍就是通过描述各种实际应用中的技巧和数据来阐述该艺术的，其本质上是一样的。作者仅仅是借用那些图解来更清晰地表述他的意思。假如他只纯粹地使用文字描述而没有图表（只是文字中的插图），其他人在使用该艺术的时候，可以合法地使用作者在书中介绍的线条和图表，以及各种文字描述。

关于数学的书不能给予作者就该数学运算方法的排他权利，包括他所采用的图表。就科学和实用技术出版一本书的目的就是向整个社会揭示书中的有用信息。如果作者对这种信息得到了排他性的权利而公众不能任意使用，就会使得上述目的不能实现。如果为了使用这些科学技术，而必须要使用书中用以阐述的方法和图表，或者类似的阐述方法，这些方法和图标就被认为是科学技术不可分割的部分，也进入了公众领域。这不是给那些解释性的出版物使用的，而是用于使用该技术本身。

Selden在他的书中介绍并解释了一种特殊的簿记系统，并通过规则、条框和页面标题来提供图解说明。虽然大家都无权复制这本书或其中的一部分，但这仅仅是一本介绍性的读物，因此任何人都可以使用书中所传授的这个技术。这个技术的使用跟解释这个技术的书本完全是两码事。一本有关簿记技术的书，其版权保护不能延伸到该帐簿技术的使用、销售和使用，尽管它们是书中所阐述的。至于该技术能否得到专利保护则完全是另一个问题。

评论：

该案是一个在美国版权保护历史上产生深远影响的著名判例。在该案中，美国最高法院确立了版权只保护表达而不保护思想的“思想与表达二分法”（The Idea/Expression Dichotomy）。这一规则将版权所保护的主题即作品，分解为“思想”与“表达”两方面。版权只保护其中的“表达”。美国的版权法学者通常认为，有关思想与表达的现代观念发端于此案。

“思想表达两分法”是版权法最基本的法律原则。其基本功能在于明确界定版权法的保护范围，平衡版权法激励创造与保留进入的利益关系，保证版权法功能与目的的实现。思想表达两分法不仅在版权法理论上具有重要的基础作用，而且对版权法司法实践起到重要的指导作用。

思想，就像事实本身一样，是不能由任何人控制的、处于公有领域的信息。在实践中，以下这些项目一般都被视为是“思想”的范畴，不能获得版权保护：（1）单词和短语，例如名字、头衔、标语等；（2）想法、计划、办法、系统和装置；（3）空白表格，例如时间卡、账簿、日记本等；（4）不包含任何原创信息的作品，例如标准日历、长度高度表等；（5）字样。

思想表达两分法作为版权法的基本原则，基本上各国的版权法都对其作出了明确规定。例如，美国1976年《版权法》第102条（b）款规定：“在任何情形下，对原创作品的版权保护都不延及任何思想、程序、工序、规律、操作方法、概念、原则或者发现，不论上述内容在作品中是以什么形式来描写、表现、说明或者体现”。我国《著作权法》第五条规定，时事新闻和历法、通用数表、通用表格和公式不受著作权法保护，也是这一原则精神的体现。我国《计算机软件保护条例》第6条规定，对软件著作权的保护不延及开发软件所用的思想、处理过程、操作方法或者数学概念等。主要版权国际公约也都明确规定了思想表达两分法。例如，《伯尔尼公约》第2条第（8）款规定版权保护不及于具有纯粹新闻消息性质的新闻或者各种各样的事实。《世界知识产权组织版权条约》第2条和TRIPS第9条第（2）款都规定，著作权保护应延伸到表达方式，但不得延伸到思想、程序、操作方式或概念本身。

版权法的目的是促进整个社会文化艺术的进步，这一目的的实现是通过赋予作者以专有权的形式进行的。但作者的专有权同时也是他人创作的障碍。“版权保护的范围越广，文学想象越受限制”，因此，为了保证文化创作的顺利进行，应当将版权保护限制在一个合适的范围之内。以各国都普遍作为“思想”对待的时事新闻为例：时事新闻是指通过报纸、报刊、广播电台、电视台等媒体报道的单纯事实消息，其特点是通过简单的文字或者机械记录手段将客观现象或者事实记录下来，其信息内容也直接涉及国家、社会公众、国际社会乃至人类的经济政治、文化和社会生活，其传播的价值就在于向整个社会传递某一新近发生的事实情况。如果对于这些新闻都赋予著作权的话，必然会使社会新闻信息传递的成本大大增加，这必将使社会公众的知悉生活、了解世界的权利受到损害，因此，《著作权法》规定这类时事新闻不能够受到《著作权法》的保护。

思想与表达二分原则作为著作权制度的基石，它的形成过程体现了著作权法为实现既要鼓励创作，又要保护公益的双重价值目标的艰难探索过程，反映了利益集团与社会公众之间的激烈博弈。这一原则的确立为私人权利与公共领域划定了一条基本的界限，有效地平衡了作者与社会公众之间的利益。

第二节　情景原则

Nichols v. Universal Pictures Corporation
45 F. 2d 119 (1930)
美国联邦第二巡回法院

案由：

原告是戏剧《艾比的爱尔兰玫瑰》的作者，该作品已经取得版权。被告公开出品了一部电影《科汉斯一家和凯利斯一家》。《艾比的爱尔兰玫瑰》讲的是住在纽约州的一个犹太家庭。父亲是一个忙于生意的鳏夫，他的儿子也是唯一的孩子在生意上帮助他。儿子与一个信奉爱尔兰天主教的年轻女孩恋爱，并在一个新教的牧师主持下秘密结婚。为了不给他父亲太大的打击，他向父亲隐瞒了新娘的信仰和血统。尽管女孩并不情愿这样做，但父亲却被两人的伪装所迷惑进而决定他们必须结婚。他叫来了一个犹太牧师，以犹太教的仪式准备婚礼。女孩的父亲同样也是个鳏夫，住在加州，对自己的宗教十分虔诚而对犹太教则持敌对态度。他被叫去纽约，以为自己的女儿要和一个爱尔兰人也是一个天主教徒结婚。同行的还有一个牧师。当他赶到时，婚礼正在举行，他想要阻止，但为时已晚。两个父亲都视对方的孩子为异端，表现得怒不可遏。第二幕在双方父亲仍然怒不可遏并想要拆散这对组合时结束。戏剧的最后一幕讲的是一年后这对年轻人被他们的父亲所驱逐并自力更生。他们生了对双胞胎，但双方的父亲只知道他们生了一个孩子。在圣诞节时，为了想看望孩子，双方的父亲分别去了这对年轻人的家里。当他们遇见对方时，各自都带着礼物，一个是给男孩，一个给女孩。他们各自坚持在孩子的性别问题上自己是对的，在得知真相后他们相互和解。全剧由此结束。

《科汉斯一家和凯利斯一家》讲的是一个爱尔兰家庭和一个犹太家庭，两家比邻而居于纽约市的欠发达地区，并互相怀有敌意。各自的主妇都还健在而且互相仇视，甚至连两家的小儿子和狗都互相怀有敌意。犹太人一家有个女孩，而爱尔兰人一家有个儿子；犹太人一家经营着一家裁缝店，而爱尔兰人则是个警察。在戏剧开始时，两家的孩子相爱了并秘密结婚。犹太人一家正面临经济困境，而后被律师告知继承了其舅妈的大笔遗产，他们搬到了一所大房子里，过着奢侈的生活。而爱尔兰男孩和他的家人还生活在贫困中，他找到了他的犹太新娘，但被生气的岳父赶出家门。犹太人打电话咒骂了爱尔兰一家，双方情绪都失控。犹太人气得病了一场，去佛罗里达休养一阵。回来后他的女儿生了个孩子，起初他怀疑是律师的，但最终得知了真相。同时爱尔兰一家来到了犹太人家里希望看看孩子，在两个父亲的争吵中，犹太人拒绝认自己的女儿，而女儿决定跟她的丈夫回去住，而爱尔兰人则带着她和孩子回到了自己贫穷的小屋里。本来想娶犹太人女儿的律师在看到计划受挫后，告诉犹太人，他所继承的遗产事实上属于爱尔兰人，爱尔兰人和被继承人也有亲缘关系，但只要犹太人愿意和他分享这笔财产，他便可以为犹太人隐瞒。犹太人断然拒绝了他的提议，冒雨前往他敌人的家中去交出这笔财产。当他告诉爱尔兰人真相并准备离开时，爱尔兰人决定和他分享这笔财产，双方重归于好。全剧在双方喝茶时犹太人坚持要把他的名字放在双方共同经营的公司名字的第一位这一场景中落幕。原告主张被告作品是对原告作品的抄袭。

法院意见：

Hand 法官：

不论在普通法还是在制定法下，保护文学财产时关键的一点是权利不能仅仅限于文章字面本身，否则剽窃者就能通过非实质性的改编而逃脱责任。涉及戏剧，剽窃者可能截取其中一幕或者挪用其中的一部分对白。问题就在于被使用的部分是不是具有实质性，因而是否属于对版权作品的合理使用。如果剽窃者不是窃取其中的一部分，而是使用了整个作品抽象的思路或架构，那么问题就复杂得多。对于任何作品，尤其是戏剧，随着具体事件被不断剥离，大量一般性表述的类型就会显现出来。最概括的表述莫过于这个戏剧的中心思想，有时就包含在它的题目中。但在这一系列的抽象活动中从某一个点开始这种抽象就不再受到保护，否则作者就能够阻止他人使用他的“思想”。和思想的表现形式不同，作者的财产不及于其“思想”。没有人能够做到确定思想的边界，也没有人做到过。在这样的案件中，我们关注的是表现形式和所要表达的思想之间的界限。对于戏剧来说，争议主要集中于具体事件中的角色和顺序，这些是实质性的。

在 Dymow v. Bolton（11 F. 2d 690）案中我们判决剽窃者须为窃取情节而承担责任，该判决和我们在 Dam v. Kirk La Shelle Co. 和 Stodart v. Mutual Film Co. 中的判决截然相反，但我们都无意否定这两个案件的判决。我们认为第二个剧本的情节与第一个不同以至于绝不可能是侵权，因为在各自删去最具体的表达后，作品的内容属于公共领域。正因如此，我们认为，“仅仅对情节的细分是不受版权干涉的”，但我们不否认两个剧本可能因为情节的一致而构成侵权。至于有多相似才构成侵权，那是另外一个问题。我们也不认为同样的原则可适用于角色的设置。莎士比亚戏剧中的角色也是思想，和爱因斯坦的相对论和达尔文的物种起源的理论一样不具有垄断性。角色越不丰满，那么就越不能受版权保护。这是作者把角色设计得如此模糊不清所必须承受的不利后果。

我们认为本案中，假定被告从第一个剧本中取走了他想要的任何东西，无论是从角色上还是从细节上，他都没有逾越法律所允许的界限。两个故事完全不一样。一个故事是关于坚持其后代必须按其信仰婚嫁的宗教狂热者。他们的血统差别仅仅是其主题宗教的一个伴曲。而在另一个故事中宗教因素甚至没有出现。的确两家的对立部分是因为各自的血统差异，但双方儿女的结合并没有引起爱尔兰一家的明显不快，而且加剧犹太人敌意的原因主要是他得知自己变得富有。他们两家因犹太人的诚实和爱尔兰人的慷慨而和解。两个剧本都有的是犹太人父亲和爱尔兰人父亲之间的争吵，他们后代的结合，孩子的出世和双方的和解。

如果被告从原告那里取走的就这么多，很可能是因为原告的成功看上去证明剧本的主题具有持久的流行性。即便如此，认可原告的剧本是完全原创的，并假定这种新颖性不是版权的必要条件，在这样的背景下不存在垄断。尽管原告发现了故事的叙述脉络，原告却不能把它据为己有。也就是说，这个主题太一般化，它不过是原告剧本的一个抽象，仅仅是原告思想的一部分。

对于角色也一样，如果说原告不应知道这些低级戏剧中经常出现的角色——犹太人和爱尔兰人，那根本不可信。被告从原告的剧本中取走的不过是许多年前就已经存在的典型角色。如果认为在角色设置上被告侵犯了原告的版权，等于把原告的版权一般化以至于把不是由原告原创的也包括进原告的作品。即使我们认为是原告利用脑力创造出这些角色，被告还是有权利利用它。

在这两个剧本中有四个角色是共有的，相爱的一对和他们的父亲。关于相爱的一对，任何其他人都可以在其剧本中设置这样的两个角色。原告剧本中的犹太人则和被告剧本中的大不一样。他完全着迷于他的宗教信仰，他的敌意也完全来自于这种宗教狂热。他是热心的、慈爱的和专断的。而被告剧本中的犹太人却不是这样。被告剧本中的犹太人是个诡计多端、自吹自擂的小人，只是由于遭受不幸而变得诚实。尽管两个犹太人都是怪诞的、夸张的和好争辩的，但这些共同的品质只不过是整个角色的一小部分，如果选择这样去描述角色根本算不上抄袭。至于两个爱尔兰父亲就更不一样了。原告剧本中的爱尔兰父亲不过是一个宗教狂热和家长制婚姻的象征，根本算不上是个角色。被告剧本中的角色则完全不同，他低级喜剧中最传统的场景中的普通角色，任何人都会借鉴这个角色，即使他碰巧不知道有这种典型。

被告主张本案应该受 Fisher v. Dillingham 判决的约束。我认为本案不适用 Fisher 案的判决。我们假定原告的剧本是完全原创的，尽管这很难让人信服。我们又进一步假定，原告不知道以前剧木是如何描写的，但这也是无关紧要的。就像我们说过，原告的版权不能涵盖原告作品中的一切；有些内容在某种程度上属于公共领域。我们必须决定在何处划断版权的保护范围是公正的，这是法院在每个案件中都必须回答的问题。一个喜剧以爱尔兰人和犹太人的冲突为基础，以双方后代的结合为开场，这并不比《罗密欧与朱丽叶》的故事梗概更应受到版权保护。

原告对两个剧本做了细致的分析，证明两剧的共有角色组成了一个正方形，每一个角色都代表了一种情感。因此原告认为由此形成的一致性是构成侵权的证据。但剧中所用的形容词是如此的通用，因此不能被用来证明什么。比如关于两个犹太人都被赋予“爱”的品质。原告描述的角色对他的儿子有很深的感情，他的儿子是他的希望和快乐所在。但被告却不是这样描述角色的，他的行为没有体现出对女儿的情感。“愤怒”则在每个剧中的不同场景都出现过，“焦虑”、“失望”、“厌恶”等情绪也一样。以情绪的出现作为标准来考察是不恰当的，因为这些描述情绪的形容词的应用范围十分广泛，而出现这些情绪的原因又是多种多样的。这不是个适当的考察方法。

我们不采纳主要由专家证言构成的证据。专家证词对本案争议的解决没有任何作用，反而拖延了诉讼。法院越是被戏剧艺术的复杂性所迷惑，就越不能通过自己的判断坚定立场。我们希望排除这样的证据，而仅把案件局限于实际的争议。

维持原判。

评论：

思想表达两分法是版权法的基本原则之一，但思想与表达的区分并不容易。在本案中，法院判定被告拍摄的电影与原告创作的戏剧在内容上有相似之处，但相似之处仅为早已在公有领域的戏剧模式或仅属于思想的范畴，被告不构成侵权。本案不仅被认为是对思想表达两分法的标准阐明，而且本案还发展出了非常重要的区分思想与表达的抽象概括法（the abstraction test）。

Hand 法官认为，任何作品都包含大大小小之事件，如将事件全部抽离，则随着事件之增加，会产生越来越抽象或者越来越具有普遍性之模式，此种具有普遍性或者高度抽象性之魔石可能适用于任何其他作品，抽象到最后，可能只剩下非常一般性的描述。在一连串的抽离过程之后，必然存在某种界限，如果超越此界限之后，则该普遍性之抽象模式属于公共财产之构想，将不受著作权法的保护。法官进一步指出，在决定作品是否侵权时，首先应将个别作品中的“事件”逐步剥离，如事件剥离之后两著作相同部分均为具有普遍性的抽象模式，则不构成侵权。如果内容相同的部分有一定的数量，又不具有普遍性，如事件顺序、角色的特征、剧本的布局等，则构成侵权。使用这一测试法调查作品间共同特征的时候，其所选择比较的模式或者特征应达到合理的细微层次，再判断共同模式是否具有普遍性，以决定是否侵权。再者，在比较两个作品的共同细微模式时，必须注意量的要素以及质的要素。即使两部作品具有少量模仿，而此细节之处无关紧要，即使相同之处极为特殊，并且可以认定是模仿的结果，那么这些小量的复制仍然不是著作权保护之标的，必须两作品有相当数量的模式或较有意义的段落相同，才能构成侵权。

因此，抽象测试法提供了一个有效的两步法以确定侵权：先从作品中找出最细微的特殊点，然后列出所有相似之处，最后决定相似之处是构想相似或者表达相似。

尽管这种抽象概括法没有提供一个明确的区分线，它却抓住了思想表达两分法的本质。即：就任何有情节的作品，尤其是就戏剧作品来说，随着越来越多的情节被剥离出去，就会有一系列越来越抽象性的模式与之相应。但是，在这一系列的抽象概括中，有一个不再受到保护的临界点，超过了这一临界点，作品的内容就不受保护。否则，剧作家就可能阻止他人使用其思想。剧作家的财产权永远不能延及与表达相对应的思想本身。在此案中，版权保护范围从字面扩张到非字面，与此对应的区分思想和表达的方法就是此处的抽象概括法，此时面对的问题就是如何把握不受保护的思想这个临界点。但是，正如法院所指出的，永远没有人找到了那个界限，也没有人能够找得到。这在实践中也是法院所面临的一个难题。

第三节　角色的保护

Warner Bros. Inc. v. American Broadcasting Companies, Inc
654 F. 2d 204 (1981)
美国联邦第二巡回法院

案由：

1978 年，原告 Warner Bros. , Inc 在其先前超人作品的基础上，发布了一部名为“Superman”的动画片以及两部续集。之后的巨大商业成功促使许多商家要求被授权，以使其能将超人形象用于玩具、贺卡、衣饰和其他产品的广告推销中。被告 ABC 公司也希望获得许可以出品一部关于“超级男孩”的电视连续剧，该电视连续剧讲述的是超人的早期经历。然而，原告也计划制作续集和其他派生作品，因此拒绝了 ABC 的提议。

ABC在被拒之后，委托Cannell制作了一部电视剧，名为“The Greatest American Hero”（以下简称“Hero”），该电视剧讲述的是普通人如何成为超人的故事，主角是Ralph Hinkley（该剧在人物、情节、音效、语言等方面存在与超人类似的地方）。在“Hero”放映前的三周内，ABC进行了网络史上最大规模的宣传，推出了近200部商业广告。原告认为被告部分宣传片侵害了原告的版权和构成不正当竞争。第一，部分宣传片仿照了超人I的场景。第二，其中一个宣传片中，Hinkley正在看电视，电视中上演的是一部名为“Superfriends”的动画片，其中正上演超人。并且，原告主张，一份展示给ABC赞助商及其相关机构的用于宣传hero剧的磁带采用了Superman I中音乐的片断。因此，原告主张：被告行为违反美国1976年版权法第101节，构成版权侵害；违反纽约州普通法，构成不正当竞争；违反纽约州反淡化法，损害了原告于超人形象之上拥有的商标和标记的价值。

法院意见：

原告对于许多包含超人的作品都拥有版权，因此对超人这个形象本身也拥有一定的版权保护。自从1938年创造超人这个形象以来，原告通过利用版权取得了巨大成功，在不同媒体上描绘超人，并授权允许该形象用于一系列商业目的。通过原告的努力，超人形象获得了极高的曝光率和认可度。地区法院法官认为：由于陪审团没有发现当事方的作品之间有实质上的相似，地区法院法官驳回了原告的诉讼。

版权侵害主张中基本争议焦点是：Hero和Superman作品是否实质上相似构成仿照；实质上相似性是否足够缺乏使得事实争议无需陪审团来解决。被评估的相似性必须与观点的表达方式相关，而不是观点本身。这个区别说起来容易，但实际运用很难。虽然实质相似性的问题经常是需要陪审团认定的事实问题，我们也认可法庭在简易判决的动议中可通过法律问题的方式认定不构成侵害版权，或者是因为两部作品之间的相似之处在于原告作品中的非版权对象部分，或者是因为没有任何一个合理的陪审团会认为两部作品之间存在实质上的相似性。在评价地区法院认定简易判决适用于本案的决定之前，我们先思考在该领域指导判决的原则。

版权法的一个基本目标是鼓励创造。可是，版权法不仅能鼓励创造，也能压制创造。通过保证最初作品作者对其作品商业价值享有排他性的权利，版权法明显是在鼓励创造。同时，如果作者们害怕自己的作品轻易地就会被认定为与已存在的作品实质上相似，那么版权法就会阻碍新作品的创造。这种“观点—表达方式”的两分法发源于案例法，现在已经被吸收进成文法，以使法院能够调和版权保护中两个相冲突的法律作用。虽然该方法不精确，但仍不失为区分作品是否侵害版权的有效分析手段，特别是当受保护的作品是故事，而声称的侵权作品被指称为Nimmer教授所说的“全面的非文学性相似”，即仿照了一部作品的基本精华和基本结构的时候。遇到这种类型的主张，法庭经常援用著名的Hand法官提出的“抽象”测试法或Chaffee教授提出的”类型”测试。

如本案，当主张涉及人物形象的版权侵害而非故事时，观点与表达方式之间的区别变得难以把握。在Nichols案中，Hand法官运用了其“抽象”测试法以判定：与“Abie's Irish Rose”相似的剧目“The Cohens and the Kellys”并没有侵犯前者故事情节或人物形象的版权。他指出，当时还没有任何一个案子判定过对于仅仅由文字描述的人物形象的侵害，虽然他也认可了文学形象被后人侵害版权的可能性。文学人物偶尔也会被认可为版权的对象，但是毫无疑问，版权保护只适用于卡通片中描绘的人物形象，即使在Nichols案之前也是这样。

在判断第二部作品中的人物形象是否侵犯了卡通人物的版权时，法庭通常不仅考虑视觉上的相似性，而且要从整体上考虑人物的品质和特征。一个相关因素就是所称的侵权人物形象在多大程度上采用了受版权保护人物的“整体概念和感觉”。

Nimmer教授提出一个观点：如果后一部作品在某些方面与原告作品的实质性要素相似，那么原告与被告作品在许多方面具有差异性也完全无关紧要了。Hand法官有句精辟的话：剽窃者可以通过展示其作品有多少不是抄袭的来逃避责任。但Nimmer教授还提出了另外一个主张，即：被告可以通过有意的对一部作品进行足够的改变从而合法地避免版权侵害的责任，否则就会被认为与原告作品实质上相似。这两个主张表面上看并非不一致；第二个主张描述的是这样一部作品，即如果该作品作者不在原告作品上做出改变，则该作品将与原告作品实质上相似。但在实践中，这两个主张之间的区别变得有些模糊。我们注意到，大量的差异会降低实质相似性。这个观点强调了未改变原告作品特征的、可能仅仅是附加的差异的重要性，超出了Nimmer教授的第二个主张。从该种意义上，该观点修改了第一个主张。

这两种主张的矛盾可能源于他们形成于文学作品的背景下，后来却适用于图形和三维作品。故事是线性的：发生，持续，结束。当被告仿照了原告作品中所述事件的实质部分时，即使他在故事发生的主线上增加了他原创的情节，也无法逃避侵害版权的责任。一个图形或三维的作品是作为整体被感知的。这种类型的两部作品之间的实质上差异一定会减弱其整体感觉上的相似性。人物的图形表现方式同时具有线性、文学模式和多维整体感。人物的思想、感觉、语言和行为，以及通过作品中的其他人物的评论传达出的作者对于人物形象的描绘都影响观众对于人物的理解。同时，人物的视觉感受会产生决定性的印象，这就是判定被告作品中人物形象相似性时比较的重点，也是发现重大差异的地方。

因此，在分析以下两种情况模糊的区别时应当更加注意，一种情况是：某人物与受版权保护人物形象实质性相似，尽管在外表、行为或特征，特别是这些因素的结合方面，有微小差别；另一种情况是：某人物与受版权保护的人物形象在外表、行为或特征，特别是这些因素的结合方面虽有些相似，但明显与后者不同。勾起了某人对于受版权保护人物的回忆不同于与该人物具有实质上的相似性，仅仅后者才构成版权侵害。

评论：

角色是作者的一种创造，是作者思想的表达，角色可以通过多种方式来塑造，可以在卡通中以可视的方式进行描述，可以在书或故事中用文字进行描述，可以在电影或电视节目中由演员进行表演。角色既可以是表达，也可以是思想。不同类型的角色，表现形式并不相同，具体化的程度也不一样，在版权法实践中受到的保护和待遇也不相同。

文学角色的构造来自于小说或剧本的描述和情节，它的唯一区别性特征是其名字和特征的文字描述，从历史的视角来看，法院赋予文学角色以最少的版权保护。而且，基本的角色类型不具有可版权性，因为这种角色类型往往存在于公有领域，并不具有作者的个性表达要素，属于思想的范畴。实际上，从每个角色中都可以找到某个基本角色类型的影子。不过，如果作者在这些基本的角色类型之上加上自己的个性描述，这些角色还是有受版权保护的可能性的。然而，经过故事的交互作用，角色可能会具备充分的原创性而具有可版权性。

卡通角色同文学角色不同，卡通角色具有视觉特征。具有视觉特征的角色更容易具体把握。文学角色的表现形式具有抽象性，不同作者对同一角色的解读也是不同的。而卡通角色在一定程度上克服了这种抽象性，其受版权保护比文学角色受版权保护要容易。随着作品的广泛传播，角色独特的个性、形态、表情、动作、语言、服饰等特征也日益深入人心，从而有了甚至超出作品本身的利用价值，而此等价值在卡通或者动漫角色身上表现得尤为突出。动漫角色本身能否成为著作权法直接保护的对象，关键就在于其是否能满足独创性的要求。若能满足独创性的要求，即形成了特定表述，动漫角色就具有了可版权性，从而得以脱离“思想内容”的范围，成为著作权保护的对象。

在前文所述的 Nicolas 案中，法官认为如果文学角色被清晰的描述，其可以独立于情节单独受版权法保护。角色被开发的程度越低，其受到版权保护的可能性和程度越低，这是作者使它们太不清晰所应当受到的惩罚。之所以要求角色只有被充分描绘才能够获得版权保护，是因为没有被充分描绘的角色很可能是不受版权法保护的思想；相反，文学角色只有被充分的描绘才能构成作品的表达性因素。Nichols 案的清晰描绘标准已经成为角色侵权案例中使用的常用做法。

第四节　合并原则

Frank Morrissey v. The Procter & Gamble Company
379 F. 2d 675 (1967)
美国联邦第一巡回法院

案由：

原告 Morrissey 制定了一套涉及参加者社会安全密码的促销竞赛规则。原告主张，被告 Procter & Gamble 公司基本上原样复制了竞赛规则，因而侵害了其版权。被告认为原告的规则没有版权，并且否认接触过原告的规则。

原告的规则如下：“1. 参赛者要将姓名、地址和社会保障号码用印刷体写在 XXX 包装纸或空白纸上，答卷必须附上 XXX 包装纸或印有 XXX 名字（任何拷贝来源均可）的空白纸。从经销商处取得的包裹或传单上有正式规则的解释。如果你没有社会保障号码，可以使用与你生活在一起的任一直系家庭成员的姓名和号码，只有姓名条目上的人被确认了，参赛者才能有获奖资格。请使用与答卷上所填写的姓名相符的正确社会保障号码，错误的号码将被取消资格。”

被告的规则如下：“1. 参赛者要将姓名、地址和社会保障账号用印刷体写在‘汰渍’包装纸上或空白纸上。答卷必须附上‘汰渍’包装纸

（任何尺寸均可）或印有‘汰渍’名字（任何拷贝来源均可）的空白纸。正式的规则可以通过下面的方式获得：汰渍竞赛的包裹，或者汰渍经销商手中的传单，或者可以将贴好邮票、写好自己地址的信封邮寄至特定地址。如果你没有社会保障号码，可以使用与你生活在一起的任一直系家庭成员的姓名和号码，只有姓名条目上的人被确认了，参赛者才可以有获奖资格。请使用与答卷上所填写的姓名相符的正确社会保障号码，错误的号码将被取消资格。”

法院意见：

地区法院认为被告成功证明了没有接触过原告的规则，竞赛的内容不是版权的对象，并且这些内容相对简单，由于原告的规则是直接源于这些内容，不具有“独创性”，故支持了被告。上诉法院认为：首先，本案事实尚有争议，因此不能做简易判决；第二，如果描述一个对象的表达方式是有限的，如果将有限的表达方式设定为版权保护的对象，会限制公众的正常使用。

上诉法院认为，对法定事由的表达授予版权应该适度，我们不能将版权视为一场打败大众的象棋比赛。如果版权保护对象的范围很窄，导致对于某一主题的表达只有一种或者少数几种有限的形式，则版权的授予将会使得一个或者几个主题通过对版权的拥有，耗尽将来使用关于针对对象实质内容使用的可能性。我们不能把版权当作象棋游戏，使公众被将死，时刻受到版权法的束缚。

通过审查，规则一中包含的内容直接、简单，因此我们认为本案适用上述限制性原则。而且，无需等到所有形式的表达都得到版权保护。法院认为版权的客体还没有扩展到具体内容，即使原告的特定表达方式被人有意采用了，原告也不得起诉。

评论：

思想与表达的合并原则又称思想表达识别的例外原则。它只存在于特定的表达形式中，即表达与思想难以区分，甚至必须被认为混合在思想中（尽管在理论上将其从思想中区分是可能的）。在这种情况下，即使表达具有独创性，该作品也不受著作权保护。这种情况即是思想与表达被合并而使得作品作为一个整体不再受著作权保护。在美国版权司法判例中，与思想和表达合并原则相关的案例并不少见，本案即为一例。还有，在 Herbert Rosenthal Jewely Corp. v. Kalpakian 案中，原告主张对蜜蜂造型的珠宝作为一个雕塑作品予以保护，被美国第九巡回法院驳回。法院认为，由于雕塑蜜蜂的思想只有有限的几种表达形式，给予其著作权保护将会在效果上赋予其对这种思想的垄断权。关于蜜蜂的抽象思想和那个蜜蜂造型珠宝的抽象思想智力上的差距是很小的，因为珠宝一般是根据物质或者动物的形状来设计的。由于蜜蜂造型的珠宝的表达形式很有限，特定的珠宝设计不足以给予著作权保护。

在实践中，不排除存在着思想与表达难以区分的情况。合并原则关注的是作品的表达性成分和作品表达附载或体现的思想是否难以区分，或者表达性成分很有限以致他人的相同或相似的表达不构成侵权。因此，在特定情况下，由于思想的表达方式非常有限，以致对表达的保护会损害到他人自由获取思想，此时如果对表达的保护不加以限制，就会因为对表达给予保护而使其他人的境遇变坏。在这种情况下，版权法在制度设计上就应该体现对著作权的表达保护的特有限制。在极端的情况下，如果思想和表达混合在一起，或者说思想只有一种表达形式，授予这种表达以著作权相当于对抽象或特定思想授予了著作权。为了使思想永远地留存在公有领域，就不应授予该表达以著作权保护，即该作品应游离于著作权保护之外。

第五节　原　创　性

Feist v. Rural Telephone Service Co.
499 U. S. 340（1991）
美国联邦最高法院

案由：

乡村电话公司，在 Kansas 西北部为几个社区提供电话服务。该州法规要求在该州运营的电话公司每年发行并更新电话簿。作为一种获得在该地区获得垄断性的特许经营权的条件，乡村电话公司每年发行电话簿，包括白页和黄页。白页按照字母顺序排列所有注册的用户姓名、城市名称和电话号码。黄页按照客户经营范围和特点分别以字母顺序排列，还有一些广告。乡村电话公司免费向用户分发电话簿，从广告中获得收入。

Feist 为一个出版公司专营电话簿。标准的电话簿一般仅仅覆盖一片特定地区，Feist 的电话簿覆盖范围较广，因此避免了查询几本电话簿的不便。本案有关的电话簿就是覆盖了 15 个县，白页上有 46 878 个名单，但是乡村电话公司的只有 7 700 个。两者相同之处在于 Feist 也是免费发放，而且也有黄页。因此双方在黄页上的竞争非常激烈。由于乡村电话公司在提供电话服务上有垄断权力，因此乡村电话公司获得用户信息非常容易。用户必须向乡村电话公司申请并主动提供地址和姓名，由乡村电话公司分配具体电话号码。而 Feist 不是一个电话公司，也没有垄断地位，因此不能独立的得到用户信息。为制作其白页，Feist 必须联系在西北地区经营的 11 个电话公司，通过付费来获得使用其白页的权利。在 11 个公司中只有乡村电话公司拒绝，可能的原因就是一个不正当的目的，就是为了把其在电话服务中的垄断性权利扩展到黄页广告。在不能获得乡村电话公司许可的情况下，Feist 未经其许可就直接使用，让其职员直接调查包括在乡村电话公司电话簿内的 4 935 个号码。这些职员确认了乡村电话公司报告的数据的正确性，而且获得了额外的信息，因此 Feist 的电话簿包括了用户的街道地址，这是乡村电话公司的电话簿所不具备的。此外，Feist1983 年的电话簿中有 1 309 个号码和乡村电话公司 82－83 年电话簿中的列表是一样的，其中有 4 个号码就是乡村电话公司为了防止他人抄袭而特意设置的假号码。

乡村电话公司首先起诉侵犯版权，理由是 Feist 在编辑其电话簿的时候不能使用乡村电话公司电话簿白页中包含的信息。乡村电话公司主张 Feist 的职员应该挨家挨户做调查研究来获得相同的信息。Feist 认为这在经济上不可行，且不必要，因为被复制的信息不在版权保护的范围之内。

法院意见：

本案涉及版权保护的有两个客体：事实和事实的编辑作品。事实不能获得版权保护，对事实的编辑作品可以获得版权保护。事实不能获得版权的保护是因为版权法中最重要的公理就是“没有作者可以就其思想和其叙述的事实获得版权保护”。电话公司也认识到了这一点。但是，同样毫无争议的公理是事实的编辑作品可以获得版权保护，并且在两部版权法中得到明确认可。但是以上两个原则之间的关系中有一个尴尬的问题，许多编辑作品全部都是事实构成的，没有任何原创性的书面表达。但是从法律的角度来看，似乎已经把全部由事实组成的编辑作品纳入了保护的客体范围。因为单独事实不可保护，难道 100 个事实放在一起就可以获得保护？为解决上述尴尬问题，还是需要理解为什么事实不可保护。版权保护的唯一要求是原创性，作品必须是作者原创的。

版权中所指的原创性，就是作品是由作者独立创造的——与复制他人作品相对应——作品至少具有最低程度的创造性。对于创造性的要求很低，一点点就可以满足，而不管其多么的浅而易见。原创性不意味新奇性，两个诗人单独创作了两首诗歌，非常相似，因此没有一首具有新颖性，但是每首都具有原创性，因此可以受到版权保护。

原创性是宪法性的要求，在19世纪晚期中已经对宪法条款中的“作者”和“作品”作出了定义，即1879年的商标案和1884年的Burrow案。法院非常清楚地表明这两个词语的定义均要求一定的原创性。在第一个案件中，法院定义了“作者”的宪法范围，就一部作品被划入“创造性作品”的行列来说，原创性是必要的。法院解释说，原创性是要求独立创作加上一点点创造性。作品仅仅是那些有原创性的、建立在思维创造力基础之上的智力劳动成果。在第二个案例中，法院对“作者”的定义作出了相同的要求：作者意味着起源人和制作人。在上述两个案件中确定的原创性的标准成为今天版权法确定保护的重要标准，这是版权保护的前提。

正是因为宪法对原创性的严格要求，所以对事实和事实编辑作品的对待完全不同。没有人可以就事实主张原创性，因为事实不是由作者创造的。而且，在创造和发现之间也有着明确的区别：第一个发现特定事实的人没有创造该事实，仅仅是发现了事实的存在，发现者仅仅是发现和记录。人口普查者并未创造了人口的数字，仅仅是复制了数字。对于所有事实都是同样的道理，无论是科学性的、历史性的、新闻性的。这些事实不能获得版权保护，因为其已经处在公共领域，任何人可以自由利用。

另一方面，事实的编辑作品有可能具有原创性。作者一般会对事实作出选择，决定安排的次序和编辑事实的具体方法。关于对事实的选择和安排，只要编辑者是独立创作的，并且含有最低程度的创造性，这种选择和安排就具备足够的原创性，因此国会可以用版权法来保护这类编辑作品。一本电话簿只要能有一种原创的选择和安排，也能达到宪法要求的最低限度。但是，事实的编辑作品之版权保护受到一定的限制：作品受到版权保护不意味着作品的每一部分都受到保护。原创性的要求贯彻于版权的始终，因此版权保护仅仅限于作品中作者有原创性的部分。具体可以分为两种情况：第一，如果编辑作品的作者用其原创的阐述方法将事实联系在一起，他可以就这种阐述方法获得版权保护。其他人可以复制作品中的事实，但是不能用相同的阐述方法来表达。在Harper

v. Row 案中，福特总统不能阻止别人复制在他的自传中的历史事实，但是他可以禁止别人复制他对公开数字的主观描述。第二，当编辑作品的作者没有加入书面的表达，而仅仅是摆出事实，因此“表达”就更难确定。唯一可以想到的“表达”就是作者对作品的选择和安排。如果选择和安排是原创性的，这些成分就满足了版权保护的要求。但不管表达方式是多么的“原创性”，事实本身并不因为被联系在一起而具有原创性的要求。

这就意味着在事实性的编辑作品中版权的保护是很弱的。尽管一部编辑作品得到版权的保护，但是之后的另外一个编辑者可以自由使用其中的事实来完成他们自己的工作，只要相竞争的作品不复制相同的选择和安排事实的方法。不管作品具有多大的原创性，任何人可以自由复制其中的思想和事实，哪怕作者是第一次发现这个事实和思想的人。

编辑者劳动的大部分都被人自由使用且不付任何代价，这似乎是不公平的。但是，成文法其实早就已经预见到了这一结果。这也正是版权法保护的本质所在。版权的主要目的不是为了补偿作者的劳动，而是为了促进科学和实用技术的发展。为了达到这个目的，版权授予作者在一定时间之内对原创性作品的排他性权利，但是鼓励公众自由的在作品包含的思想和信息的基础上作进一步的创造。这个原则，可以被称为思想表达二分法，适用于全部的作品。对于事实的编辑作品，假如作品没有任何原创性的书面表达，只有编辑者的选择和安排可以得到保护，但是其中的事实可以被公众自由复制。这种结果并非不公平，这是版权法用以促进科学和实用技术发展的途径。由此可见，对待两种客体的态度不同，但是完全符合版权法的精神。事实上，不管是不是作为编辑作品的一部分，只要不具有原创性，就不能得到版权法的保护。事实的编辑作品如果在事实的选择和安排上具备了足够的原创性，就可得到版权法的保护，但是这种保护仅仅及于事实的选择和安排，而不是对事实。

由以上可见，普通法确定了原创性的要求，但是法律本身并不是非常确切。1909 年宪法相关规定的模糊性也导致地区法院经常对原创性要求不是特别注重。因为 1909 年宪法仅仅是包含了对原创性的要求，但不是非常明确。有些法院却在这个问题上犯错，甚至形成一种新的理论来支持对事实编辑作品的保护，即“汗水理论”，认为版权是对努力编辑事实的汇报。汗水理论原则有很多缺陷，最大的问题就是该原则把版权保护扩展到了事实的选择和安排之外，即事实本身。在该原则下，针对侵害的唯一抗辩理由是独立的创作。之后的编辑者不能复制已经出版中的任何信息，而必须亲自去发现所有的事实，以获得结果。因此，就否定了版权法最根本的原则——事实和思想不能获得保护。

“编辑作品”在1976年版权法的第101条中明确得到保护。定义为“通过收集、集合、对已经存在的、经过选择或协调或安排的材料或数据，以使得最后结果在整体上构成了一个具有原创性的作品。”成文法对编辑作品受到保护的要求有三个：收集和组合已经存在的材料、事实或数据；对这些材料的选择、协调和安排；创造，通过选择、协调、安排，而创造一种原创性的作品。成文法的关键要求在于上述第二个因素，要求法院在决定一个事实为基础的作品是否为原创性的作品的时候，法院必须注重事实被选择、协调和安排的具体方法。这是对原创性要求的直接体现和运用。事实永远不可能具有原创性，编辑作品只能在事实的表达上寻求版权的保护。因此，最关键的因素在于选择、协调和安排是否具备足够的原创性来获得版权的保护。

原创性只要求作者独立进行选择、安排和创作，而且具备最低程度的创造性。即使作品构成一个获得版权保护的编辑作品，仅仅受到有限的保护。这也是第103条的精神所在。第103条解释说“版权客体包括编辑作品”，但是仅仅包括原创性的部分，而不是其中传达的信息或者事实。编辑作品中的版权仅仅限于作者实质性的为作品所作的贡献，作者不能就之前已经存在的事实获得任何版权的保护。

就本案而言，Feist从乡村电话公司的白页上抄袭了相当数量的事实信息（至少Feist复制了姓名、城市和电话号码），但是不是所有的复制都侵犯了版权。乡村电话公司为了证明构成侵权，必须证明两点：第一是其拥有有效的版权；第二是Feist复制了原创性的作品部分。第一个问题在本案不需讨论了，因为Feist也承认，而且乡村电话公司的电话簿作为一个整体可以受到版权保护，因为具有前言、黄页中的原创性的广告。因此，问题就在于乡村电话公司是否可以证明第二点，即Feist是否抄袭了乡村电话公司原创的部分作品？数据本身不具备原创性，乡村电话公司可能是第一个发现和报告其用户的姓名、地址和电话号码的，但是这些数据并不是乡村电话公司原创的。乡村电话公司也承认姓名地址电话号码是“已经存在的材料”。

随后一个问题就是乡村电话公司是否以原创性的方式来选择、协调、安排事实？原创性不是一种严格的标准，并不要求一种革新性的方式，但是原创性必须要有，安排事实的方式不能太寻常。乡村电话公司电话簿白页的选择、协调和安排并不能满足最低限度的宪法对版权保护的要求，因为其电话簿完全是一种标准格式。乡村电话公司仅仅是把用户提供的数据按照姓进行排列，不具备任何创造性。乡村电话公司的选择方式是最简单不过的，仅仅出版了最基础的信息。这是一种“选择”，但是缺少使得这种单纯的选择转化为可受到版权保护的表达的一种创造性。另外一个证明乡村电话公司的白页不具有原创性的理由是：乡村电话公司根本就没有“选择”出版用户的姓名和电话号码，而是被 Kansas 公司委员会要求作为特许经营权的一部分而必须做的。因此这种选择是州法的要求，而不是 Rural 主动为之的。

而且，在白页中以字母顺序排列并不是有创造性的举措，这是一项已经形成已经很久的惯例，在电话号码簿中广泛使用，是实际上不可避免的一种做法。这种长期以来形成的传统做法不具备版权法和宪法所要求的原创性。

评论：

本案涉及版权保护的有两个主要的客体：事实和事实的编辑作品。本案有关的两个主要原则为：事实不能获得版权保护；对事实的编辑作品可以获得版权保护。之所以有这一区别是因为版权法中对于作品有一个基本的要求即原创性。

原创性最基本的内涵就是作品应来源于作者，而不是抄袭、剽窃、篡改他人作品的结果。但是，美国版权法中对于何谓原创性并没有做出界定，因此，在实践中一度产生解释上的混乱。“额头出汗理论”一度盛行，即一个人凭借自己的劳动和付出，其作品无论是否具有最低程度的创造性，都可以得到版权保护。然而，美国最高法院在 Feist 一案中对“额头出汗理论”进行了全面的否定，并首次对“原创性”作出明确界定，即：原创性是宪法性的要求。一部作品必须原创于作者。版权法中的原创性意味着作品是作者独立创作的（而不是从其他作品中抄袭得来的），并且具有最低限度的创造性。创造性的要求非常低，一点点便足够。原创性并不等同于专利法中的新颖性。

正是因为宪法对原创性的严格要求，所以对事实和事实编辑作品的对待完全不同。没有人能够对事实主张原创性。因为事实并不来源于创作行为。第一个发现和报道特定事实的人并没有创造该事实，他只是发现了该事实的存在。但是，事实汇编可能具备法定的原创性要求。汇编作者所从事的有关挑选和编排的选择，只要是由汇编者独立进行，带有最低限度的创造性，就会具备原创性。正是由于这一原因，事实编辑作品享有的版权保护是非常弱的，版权保护仅仅及于具备原创性的有关挑选和编排方式，而非及于事实本身。额头出汗原则有诸多弊端，最为明显的就是该原则将版权保护扩展到汇编者原创性的选择与编排之外，置于事实本身之上。

Feist 案对原创性标准宪法地位的确认具有重大的理论意义和实践意义。Feist 案进一步明确了原创性的含义，虽然原创性被认为是一个主观的和不确定的概念，但并不意味着不能达成一定程度的一般意义上的共识，该案对原创性概念的表述不仅要求作品是独立创作的，而且明确要求作品应当具备创造性。Feist 案明确否定了额头出汗原则作为作品受到版权保护的基础，认为尽管作者在创作作品的过程中付出了艰辛的劳动或者大量的投资，但这些劳动和投资本身不能够作为作品受到版权保护的正当理由。

我国《著作权法实施条例》第 2 条规定，作品指的是文学、艺术和科学领域内具有独创性并能以某种有形形式复制的智力成果。因此，独创性也是我国著作权法对作品的一个基本要求。作品的独创性是指作品表现形式上的独创性，而不是指作品内容上的独创性。一件作品，尽管其内容与其他作品相同，但只要其表现形式是由作者独立创作而成的，即可受到著作权法的保护。而且，作品的独创性不同于专利法上的“创造性”。作为发明取得专利权的实质条件之一，创造性是指该发明成果与现有的技术相比是前所未有的，并且在技术上有突出的实质性特点和显著的进步；而著作权法所要求的作品的独创性是指作品系由作者独立完成，是作者独立思考、独立工作的成果。换言之，著作权法只要求作品是“独创”的，而是否“首创”的则在所不问。据此，即使两件作品内容完全一样（当然，客观上不可能存在两件完全相同的作品），只要是作者独立创作完成，两件作品都可以获得独立的著作权。

George Bleistein v. Dona Ldson Lithographing Company. 188 U. S. 239 (1903) 美国最高法院

案由：

原告提起本案是为了取得其版权受到侵害时侵害方应支付的罚金。原告所称的版权侵害指的是被告部分仿制了原告所有的三幅多彩石板画，这三幅多彩石板画是原告用于为Wallace先生拥有的马戏团做广告的。这三幅画的角上都带有Wallace先生的肖像，字体带有装饰性，构成了设计的内容，并表明在马戏团里能看到画上内容的真实版。一个板上画的是一个普通的芭蕾舞团，第二个画的是名为“Stirk家庭”的一群在自行车上表演的男女，第三个画的是一群被染白了代表雕塑的男女。Wallace马戏团在用完了基于原告板画所制作的招贴画之后，向被告（原告的竞争对手之一）订购了更多的招贴画，且同样是基于原告板画所制作的。原告因此起诉被告侵权。本案的问题在于，依据被告与Wallace之间的合同条款，被告为了Wallace而使用原告创作的板画是否违法？

法院意见：

巡回法院认为多彩石板画不在版权法保护之列，因而做出了有利于被告的判决。值得我们注意的是，宪法赋予国会权利以促进具有实用价值艺术作品的创作。宪法并没有将实用性限制在能够满足人类需求。本案中，图片的内容是具体人群，很明显本案也不会受此事实的影响。从证言中可以看出，这些图片具有暗示或描述作用，并不仅仅是表演的一幕。但是即使这些图片来源于生活，也不妨碍它们受到版权法的保护。相反的观点可能说Velasquez或Whistler画的肖像画就是公共财产，因为谁都可以画同样的脸，其他人可以自由的模仿原版画，但却不能够模仿复制品。复制品是个体基于本质的个人反应。个性总是包含一些独特的东西。即使是笔记也能够显现出不同之处，一个很低级的艺术品也具有一些不可削减的一个人独特的东西，这些东西就可以申请版权保护，除非版权法有所限制。

再不珍贵的图片也比指导手册或者类似的东西含有更多的原创性，这个原创性是可以受到版权保护的。一个年轻人在学习了什么是“绘画”之后，将试着临摹最著名的真实作品，例如一部新歌剧宣传单上的印刷画，或者最便宜的有插图报纸上的木版画，他们会发现自己完全被打败了。没有理由怀疑，这些印刷品无论从整体还是细节上，从设计和图案、线条、颜色的特殊结合上，都是原告设计者的原创作品。如果有必要，可以用证言加以证明。这样就使得被告的权利很不确定，将原创性的问题留给陪审团通过审查证据加以确定。

不管如何解释，都不可能因为普通海报艺术程度不够高级，版权法就不保护它。

让仅仅受过法律教育的人去最终判断图示说明的价值是一件很危险

的事情。极端点说，天才的某些作品还不一定能得到肯定。在公众领悟到作者表达的思想之前，作品的新颖性可能招致公众的反感。例如，Goya 的铜版画或 Manet 的画第一次公开时是否就一定受到保护，这是颇有争议的问题。从另一方面讲，如果某些作品仅对教育层次比法官低的公众有吸引力，那么这些作品可能将无法受到版权法的保护。但是如果作品能够引发大众的兴趣，它们就具有经济价值——说它们没有美学和教育价值是不对的——大众的品位是不容藐视的。无论我们是否能够接受，这是现实的情况。大众不考虑原告的权利而再利用这些图片足以显示这些图片的价值和成功。我们认定，有证据表明原告拥有受法律保护的权利。推翻巡回区法院上诉法庭和巡回区法院的判决，案件发回重审。

评论：

一般而言，作品是个人智力劳动的成果，作品中或多或少会留下个性特征的烙印。每个作者都是独特的个人，不可避免地将他自己的特征印在作品之上。在日常生活中，没有两个对相同事实的描述是相同的，每个人对描述事实所选用的词汇就像他的面容一样独特。于是，从作品中寻找作者个性特征也成为正当化作品版权保护的基础。在 18 世纪晚期和 19 世纪早期，英美法系的法院开始将原创作者身份的获得看作是原创性劳动的结果，作者自身也开始将原创性界定为每个作者表达的个性。

本案涉及一个马戏团的石版画是否具有原创性的问题。法官认为最低程度的个性应包含一些独特的东西，即使是在笔迹中表现出自己的特性。最低限度的艺术性中包含某种属于其个人所特有的东西，某种可以获得版权的东西。尽管原告作品仅是马戏团情景的复制，但这些复制是个人对自然的个性反应，可以获得版权保护。

第二章

版权的期限

Eldred v. Ashcroft
537 U. S. 186 (2003)
美国最高法院

案由：

1998年美国国会通过了Copyright Term Extension Act，即美国1998年版权扩张法案（CTEA）。在这个法案生效之前，美国实行的是1976年版权法中关于保护期限的规定，美国版权法对作品的保护期限有两种情况，第一，一般作品保护期限是作者终生加死后50年；第二，对雇佣作品，匿名或笔名作品，保护期为75年。1998年法案在1976年法案的基础上延长了20年，即对作品的保护期延长到作者终生加死后70年；对雇佣作品、匿名作品和笔名作品等，延长保护期为95年。延长保护期的作品包括已经产生的作品，也包括未来产生的作品。例如，1923年以后的雇佣作品、匿名作品和笔名作品，在该法案生效以前，本应于1998年满75年后就进入了公有领域，成为公众自由使用的公共作品，但该法案延长了20年后，作品直到2018年才能进入公共领域。

提起诉讼的原告们是9个个人和几家商业团体，他们主要是以对进入公有领域的作品进行创造性改编和整理出版为谋生手段的出版商和传播商。因为公有领域的、没有版权的作品不需支付高额的版税，因此原告的出版成本较低，出版作品的价格也低，从而维持经营。版权延长保护期20年直接影响了原告们的经营计划和生存空间，因此原告于1999年1月向华盛顿特区地区法院起诉。初审法院认为CTEA没有违反版权条款中关于“有限时间”的要求，尽管它所确定的期限比1976年要长，但是该期限仍旧是“有限的”，而非永久性的，因此尚属国会的自由裁量权范围。同时认定在本案中使用他人受到版权保护的作品不存在第一修正案的权利。初审败诉后，原告于 2000 年 5 月向华盛顿特区上诉法院上诉，再次败诉；2001 年 10 月，原告申请联邦最高法院审理。2002 年 2 月，联邦最高法院正式同意审理该案，该案于 2003 年 1 月 15 日作出判决，联邦最高法院最终还是判决原告败诉。地区法院作出了有利于被告的裁决。

法院意见：

原告的主要观点如下：第一，1998 年版权延长保护期法案的制定超过了宪法赋予国会的立法权限范围。按照美国宪法知识产权条款，版权保护期应该是“有期限”，保护期在“有期限”的限制下，国会延长保护期的权力应该受到限制，而不应该无休止的延长。延长版权保护期限超出了国会的权力范围，即超越了国会的“立法权限”。根据美国宪法中的知识产权条款：国会有权“通过为作者和发明者，向各自的著作和发明提供有期限的独占性权利，以促进科学和实用技艺的进步”。因此，原告认为，针对宪法的知识产权保护条款，国会延长已有版权作品的保护期限而行使的立法权力，是应该受到宪法中该条款“有限保护期”和“促进科学进步”的限制的，就是说，延长版权保护期限，必须是为了“促进科学进步”。如果不能实现该立法目的，延长版权保护期限就没有正当理由。如果国会不是为了这个理由而延长作品保护期，国会就是越权立法。对于版权保护的延长期，原告起诉主要针对的是在该法案生效之前已经存在的版权作品，而不涉及那些将在未来产生的作品。也就是说，对于国会在该法案中延长未来版权作品的保护期限，原告方未表达异议。根据原告在最高法院的法庭辩论中称，之所以不要求对未来产生作品的合宪性进行审查，是因为对未来作品进行立法与对已有作品进行立法的本质是不同的：对于未来产生的作品，国会并不知道究竟都有谁可能从保护期限的延长中受益；而已有作品不同，国会知道他们是那些专门站到国会面前提出要求的、“特定的”作者们和他们的继承人，1998 年版权扩张法案是国会以牺牲原告所代表的“特定的”公众利益为代价，片面满足“他们”对版权保护期延长的要求。原告认为，美国最高法院应该依据宪法对国会延长版权保护期的权力进行限制。美国宪法规定的“有限期”应该有一个绝对的外部限制，期限延长到一个具体点，就应该停止，否则，就不能叫“有限期”。根据目前不断延长期限的事实，只能有两个判断：或者版权保护期是永久性的，没有限制；或者立法机构，即国会，是一个永久性立法机构，从而有权力无限的延长原应“有限”的保护期。这两个判断之间没有实质性区别。版权保护既然是“有期限”的，那么，必须有一个明确的期限限制：或者取消有限期限，或者取消国会延长期限的永久性权力，二者必须择其一。1998 年法案已经是美国 40 年来版权第 11 次延长保护期，那么，是不是该叫停了？

其次，原告认为，为已经存在的作品提供更长的保护期限，违反了宪法的精神。按照美国宪法的精神，版权垄断权的赋予需要将社会公众能够得到的实际利益作为交换条件。版权延长 20 年垄断期与社会公众“对价”的条件是什么？如果该延长保护期没有“对价”，那么，该法案版权保护期的延长就是没有任何足够“对价”的单方面的延长。对于已经产生出来的作品的版权人，版权人已经得到了相应的酬劳；对其保护期进行延长，就如同突然一阵大风刮落果实，拾得果实的只是少数作者及其后代，以及从多数作者那里买断版权的传播商们，公众没有得到相应的益处。

第三，关于向欧盟延长版权期限的立法倾向靠拢的问题，原告认为，在遵守宪法对知识产权立法“有期限”限制前提下，在“促进科学进步”的立法前提下，不反对美国与国际版权法接轨。但是，提高国际竞争力的理由不足以动摇美国宪法对国会立法权的限制。美国的宪法是世界上唯一的一部对版权保护期限进行明文限制的宪法，就必须体现它应有的作用。

被告认为，“促进科学进步”不是宪法条款的主体部分，而仅仅具有“前言”性质，没有实际效力。美国国会有权根据自己对宪法的版权保护条款的理解来进行立法。国会对这一条款的理解是：不仅仅考虑为创作者提供激励，同时也为传播商们包括出版商、广播商、电影制片商、唱片公司等提供激励；美国国会的权力范围如此之宽广，继续给予已有作品的版权人保护，即使无法激励新作品的产生，也足以通过激励作品传播而使公众受益。他们甚至认为，国会的权力如此之大，在理论上，只要它愿意，甚至可以对已进经入公有领域的作品，如圣经或莎士比亚的作品，重新授予版权保护。在延长已有版权作品的保护期和鼓励新创作之间没有、也不需要有必然的因果关系，只要这个法案得以激励作品的传播或激励作品的保藏，哪怕时不时延长已经存在的作品保护期，也是合宪的；美国自建国以来，从来没有对此有过司法审查，也从来没有对国会的这种随意性行为进行限制的诉讼；他还进一步主张，对于已有作品的版权人和未来作品的版权人，国会有权给予同等对待。既然国会决定延长未来作品的版权人的保护期限，那么就有权同等地延长已有作品的版权。总之，被告认为，延长版权保护期限的目的，就是为了保护少数有长期市场价值的作品，比如米老鼠等，而不考虑或无须考虑没有市场价值或者很少市场价值的其他多数作品；国会有权任意立法来延长版权保护期，为出版商提供永久的激励，而无须考虑社会公众利益等。

本案主要是关于宪法授予国会的确定版权保护期限的权利。最高法院决定讨论以下两个问题：CTEA 延长对现存作品的保护期限是否越过国会的权限？是否违反了第一修正案的规定。法院最终认为，按照宪法中专利和版权条款的行文、历史和先例，我们确认版权条款授权国会规定版权保护的有限期间，确保所有的作者（现在的和将来的）在同样的水平和期限内得到保护。

原告认为 CTEA 规定有生之年加上 70 年的做法对于将来完成的作品来说符合“有限时间”的要求，但是对于现存的作品来说就并非“有限”。原告主要根据的就是版权条款中的时间规定因此变得“固定”和“不可忍受”。但是，最高法院认为，关于“有限时间”的含义，宪法关于有限时间的要求并非非常严格。在起草当时，这个词语的意思就和今天的含义一样，即“被一定条件所限制”。一个有限的时间不会仅因为该时间被适用于现存的版权就自动变成非“有限”。本案所面临的情况并非是对版权保护已经成为永久性。没有任何证据表明这 20 年期限的延长是国会试图逃避有限时间的约束。来自宪法的要求就是：国会在制定版权法律的时候，要创造一个“体系 ”以促进科技的进步。然而，应该由国会而不是法院来决定如何最好地实现版权条款的目标。国会一直致力于：国会被授权来决定定义作者或者发明者的权力范围，以让公共对其作品有适当的接触机会。在宪法授权的范围之内，国会可以执行制订者所确定的目标，从其自身判断出发，如何最好的实现宪法的目标。

尽管在本案之前，法官没有机会来判断延长现存作品的保护时间是否超出了有限时间这个问题，但是法官发现在通过立法延长专利保护期限的问题上，没有任何宪法性的限制。在宪法和实践中没有看到有任何“有限时间”的限制，早期最高法院的很多法官都支持对保护期限进行延长、更新。法院从来没有对国会扩展专利保护期限的合宪性进行怀疑。

尽管英国对安妮法案进行的修订被拒绝，因为该修订将会延长现存版权保护的期限，反对者担心会因此使得英国的垄断的变得永久化。但是法院认为，英国议会面临的情况从未在美国发生过。英国一度存在几个大公司对行业的垄断问题，因此英国国会不愿意扩展书商和出版商的已经确立的地位。然而，在美国，出版商和印刷商书商之间的竞争非常激烈，根本没有像文具公司这样的公司存在。

此外，关于专利的立法历史也同样可以说明将版权期限延长适用于已存作品是合宪的。McClurg v. Kingsland 是一个奠基性的先例。发明人没有根据该专利发明时生效法律得到保护，因为他允许其雇主在他获得专利之前进行使用。在两年后，施行了一个相关法律，使得该案这种专利也能够得到保护，并且可以回溯到该专利发出之时起。因此，由于专利和版权的宪法授权依据相同，因此同样不能质疑版权的有效性，仅仅因为扩展的期限适用于现存的版权。

由 1831 年的立法依据说明，公平和正义原则禁止一个作者仅仅因为在一个星期之前把作品卖给出版商，就处在仅仅比原告晚几天出售的作者更加劣势的地位。在 1790 年之后，国会的政策就是昨天作品的作者不能比明天作品的作者得到更少的利益，仅仅因为国会今天公布了延长的期限。CTEA 就是遵循了这一历史实践，在确定 1976 年版权法的基本规定之外，仅仅是加了 20 年的期限。因此，在条文本身、历史和先例的指导下，我们不同意原告的请求：即延长现存作品的保护期限是违宪的。

另外，法院还列举了一些其他考虑因素：使得美国和欧盟保护程度一致可以确保美国作品在国外得到更多的保护，避免在竞争上处于弱势。国会颁布 CTEA 也是出于人口统计学的、经济的、技术的变化原因。较长的时间可以鼓励版权持有者对其作品的恢复和公共分配，鼓励他们去恢复古老的作品，从而向公众传播。

总之，最高法院认为 CTEA 是国会对其权力的合理实施，法院不能事后猜测该行为是否合理，不管争论有多激烈。法院也不能断定 CTEA（尽管对现存作品和将来的作品有同样的保护期限）是一个不合理的权力的运用。

评论：

目前，各国版权法的保护期基本上是按照 1967 年的《伯尔尼公约》制定的。它要求各成员国为著作权人的作品提供 50 年的保护期。该公约允许成员国提供更长的保护期。近十年来，欧盟和美国之间开展竞赛，竞相延长著作权保护期。1993 年，欧盟将著作权保护期延长为作者终生加死后 70 年后，美国的版权权利人开始游说国会，要求将美国的版权保护期延长，与欧盟的保护期看齐。在这个背景下，1998 年美国国会终于通过了美国 1998 年版权扩张法案。Eldred v. Ashcraft 案争论的版权延长保护期及其法律价值问题对中国版权立法乃至世界版权立法都是非常重要的。200 年来，在私权神圣的宪政理念下，美国的版权法在保护客体、保护期限、责任范围等方面向公共领域进行了全面的扩张，并引导整个国际社会的立法取向，形成了一种“垄断作品”、“垄断知识”乃至“垄断信息”的立法趋势。版权向社会公共利益的全面扩张，引发了版权法的立法宗旨的讨论：版权法的立法目的到底是“保护作品”还是“保护创作”？这个问题一直是各国版权立法中争论的价值选择和价值取向问题。因为版权人和社会公众之间的利益是矛盾的和冲突的，版权法必须在两个对立的法律价值中进行取舍：一方面，没有版权人的利益，作品就不能传播，实现不了表达自由、思想自由、信息自由的前提条件；另一方面，没有作者创作资源的充分供给，就不能实现创造性的更大发挥，乃至最终会导致供给的枯竭进而创造的枯竭。

关于著作权的保护期，根据我国《著作权法》的规定：作者的署名权、修改权、保护作品完整权的保护期不受限制。公民的作品，其发表权和复制权等财产权的保护期为作者终生及其死亡后五十年，截止于作者死亡后第五十年的 12 月 31 日；如果是合作作品，截止于最后死亡的作者死亡后第五十年的 12 月 31 日。法人或者其他组织的作品、著作权（署名权除外）由法人或者其他组织享有的职务作品，其发表权、复制权等财产权的保护期为五十年，截止于作品首次发表后第五十年的 12 月 31 日，但作品自创作完成后五十年内未发表的，本法不再保护。电影作品和以类似摄制电影的方法创作的作品、摄影作品，其发表权、复制权等财产权保护期为五十年，截止于作品首次发表后第五十年的 12 月 31 日，但作品自创作完成后五十年内未发表的，著作权法不再保护。

第三章

作品的类型

第一节　雇 佣 作 品

Community for Creative Non-Violence v. Reid
490 U. S. 730（1989）
美国最高法院

案由：

原告为 Community for Creative Non-Violence（CCNV）是一个位于华盛顿特区以减少美国的无家可归者为目标的组织，以及 Mitch Snyder——CCNV 的一名成员及受托者。1985 年的秋天，CCNV 决定以赞助一尊刻画无家可归者窘境的雕塑的方式，参与在华盛顿举行的圣诞节和平游行。正如地区法院所述："Snyder 以及 CCNV 的同事成员们构思了展览的形式：一尊反映了现代版的基督降生情景的雕塑；雕塑中有一个传统的神圣的家庭——看起来就像现实生活中在街边流浪的无家可归的两个大人和一个婴孩。那是一个黑人家庭，人物是真人大小，而蒸汽炉将被安置在底座之上，并由安装在旁边的特效设备透过格子喷出蒸汽，环绕在人物的周围。他们还为这件作品取好了名字——'Third World America'，并在雕像底座上刻上'此刻，旅馆里仍然没有他们的容身之处。'"

Snyder 提议去寻找一名艺术家来制作这尊雕塑。经人推荐，他找到了被告 James Earl Reid。在两次电话中，Reid 同意雕刻那三个人物形象，而 CCNV 则负责制作蒸汽炉和雕塑底座。Reid 建议以铜为雕塑的材质，花费约 100 000 美元以及六到八个月时间。Snyder 拒绝了这个提议，因为 CCNV 并没有足够的资金去这么做，况且，如果想作为游行的一部分，雕塑必须在 12 月 12 号之前完成。于是，Reid 提议，而 Snyder 也同意，用一种名为“Design Cast 62”的材料来制作雕塑。这种人工材料可以满足CCNV在成本和时间上的限制要求，可以被染成类似于铜的色彩，还能够经得住风雨。双方同意这一项目的成本将不高于15 000美元——不包括Reid的劳务费用，因为他已应允将这部分所得捐献出来。双方没有签订书面合同，而且也没有任何一方提到版权的问题。收到预付的3 000美元后，Reid绘制了一些各种造型的人物草图。应Snyder的要求，Reid把自己推荐的一幅草图拿给了CCNV。那幅草图展示了一个救济院里的家庭，正如设想的那样：母亲坐在椅子上，把婴儿放在膝盖上轻摇着、哄着入睡；父亲站在母亲的身后，弯下腰来抚摸着婴儿的双脚。Reid作证说Snyder告诉他，要草图是因为要为雕塑募集资金。在Snyder的建议下，Reid造访了一个生活在CCNV华盛顿避难所的家庭，但考察之后，Reid认为只有那个新生的婴孩适合于做雕塑的原型。在Reid停留于华盛顿期间，Snyder带着他去看那些生活在街头的无家可归者。Snyder指出，这些人更喜欢靠在蒸汽炉上取暖，而不是仅仅坐着或站着。从那时起，Reid草图中的人物都是斜靠着的。

在1985年的整个十一月和十二月的头两个星期里，Reid把全部精力都投入到了雕塑的制作里，其间，多次用CCNV的付款雇来一些不同的人进行协助。CCNV成员曾数次造访，以察看他的工作进度并协调CCNV为该雕塑所准备底座的建造工作。CCNV拒绝了Reid提议用手提箱或购物袋来装所描绘家庭的个人用品，而坚持用购物车。在以上这些造访中，Reid和CCNV成员没有一次讨论过版权的归属问题。1985年12月24日——比原定日期晚了12天，Reid将完工的雕塑送到了华盛顿。在那里，雕塑与由CCNV准备的蒸汽炉以及底座进行了组装，然后被安放在游行地点附近的地方进行展览。Snyder把剩下的尾款付给了Reid。之后，雕塑继续被展览了一个月。1986年一月下旬，CCNV成员把雕塑送回Reid在Baltimore的工作室进行小修整。几个星期以后，Snyder计划将雕塑带到各个城市作巡回展览，为无家可归者募集善款。Reid拒绝了这一计划，认为雕塑所用的材料“Design Cast 62”并不足以承受这一雄心勃勃的旅程。他主张CCNV花35 000美元用铜来制作雕塑，或者花5 000美元做一个模子。Snyder回绝了提议，他不想为这个项目再耗费CCNV更多的资金。1986年3月，Snyder要求Reid归还雕塑。Reid拒绝了，并申请以他的名字注册“Third World America”的版权。于是，Snyder和CCNV提起诉讼，要求拿回雕塑并得到其版权的所有权。地区法院支持了CCNV主张对版权享有所有权的这一请求，认为该雕塑是1976年版权法所定义的“雇佣作品”。上诉法院推翻初审判决，认为该雕塑非雇佣作品。最高法院认为，雕刻者并非该协会的雇员，而是独立的承包人，因此，该雕塑不属于雇佣作品。

法院意见：

在本案中，一位艺术家与雇佣他创作一尊雕塑的组织争夺该作品版权的所有权。要解决这一争议，我们必须理解 1976 年版权法中的“雇佣作品”条款即第 101 条第（1）款和第 201 条第（b）款，尤其是理解第 101 条将“雇佣作品”定义为“由雇员在其受雇范围内创作的作品”的规定。

地区法院颁布了一项临时禁令，命令 Reid 返还雕塑。经过两天的开庭审理，地区法院宣布“Third World America”是版权法第 101 条下的“雇佣作品”，因此，作为 CCNV 的受托人，Snyder 享有对版权的完整所有权。地区法院的理由是：根据第 101 条第（1）款的含义，Reid 曾经是 CCNV 的“雇员”，因为 CCNV 是制作该雕塑的驱动力。法院解释道，Snyder 和其他 CCNV 成员，“构思了将当代基督降生的情景与该季节的举国欢庆进行对比的创意”，并且“对 Reid 的努力做出了足够的指导，以确保最终 Reid 制作出来他们——而不是 Reid——所想要的东西”。

哥伦比亚地区巡回上诉法院推翻了上诉判决并发回做进一步审理。上诉法院认为，Reid 享有版权，因为“Third World America”不是雇佣作品。上诉法院采用了被其称为对版权法的“字面理解”的观点，该观点由第五巡回法院在 *Easter Seal Society for Crippled Children & Adults of Louisiana, Inc. v. Playboy Enterprises* 一案中所阐述，该案中，法院将第 101 条解释为事实上创造了“雇员和独立承包人之间的简单二分法”。因为根据代理法，Reid 是一个独立承包人，法院认定，标的物作品既不是第 101 条第（1）款所说的由“雇员所作”，也不是第 101 条第（2）款所指的“雇佣作品”：雕塑不属于该款条文中所列举的九类作品，而双方也没有以书面的形式认可该雕塑是雇佣作品。然而，上诉法院提出，根据版权法，CCNV 和 Reid 有可能成为雕塑的共同作者。

1976 年版权法将版权的初始所有权“授予作品的作者”。作为一般原则，作者是实质上创造了作品的人，即把构思转化为固定、有形的表达形式的人将受到版权保护。然而，《版权法》第 201 条第（b）款为“雇佣作品”做出了一项重要的例外规定。如果是雇佣作品，则“雇主，或其他作品所为之所作的人，将被视为作者”并拥有版权，除非有书面协议做相反的规定。将某一作品归为“雇佣作品”不仅决定了其版权的初始所有权，也决定了版权的有效期（第302条第（c）款），以及所有者的期限延展权（第304条第（a）款）、终止权（第203条第（a）款）和进口某些有版权的作品的权利（第601条第（b）款第（1）项）。因而，雇佣作品原则对自由创作人——包括艺术家、作家、摄影师、设计师、作曲家和电脑程序设计者——以及出版、广告、音乐和其他接受委托而创作的行业有重要意义。

1976年版权法第101条规定，在以下两种情况下，某件作品将被视为“雇佣的”：(1) 某件作品由雇员在其受雇范围内所作；或（2）经别人定制或委托的作品，用来作为集体作品的创作部分，作为电影或其他音像作品的一个组成部分，作为译文、补充作品、编辑作品、教学课文、试题、试题解答材料或地图集，如各方以签署的书面文件明示同意则该作品应视为雇佣作品。

原告没有主张该雕塑满足第101条第（2）款的规定。雕塑并不符合该款条文所列举的九类“特殊定做或委托”作品的任何一类，且双方之间不存在书面协议认可“Third World America”是雇佣作品。因此，本案的关键问题是“Third World America”是否是第101条第（1）款下所规定的“由雇员在其受雇范围内所作的作品”。版权法本身没有定义这些表述。在没有这种指导的情况下，出现了四种解释。第一种认为，只要雇主保留了控制作品的权利，则该作品即为由雇员所作。原告采用了这种观点。第二种极其相似的观点是，如果雇主已经实质性的对特定作品的创作施加了控制，则该作品是第101条第（1）款所指的由雇员所作。这种看法由第二巡回上诉法院提出，并被第四巡回法院在 *Brunswick Beacon, Inc. v. Schock-Hopchas Publishing Co* 一案中，第七巡回法院在 Evans Newton, Inc. v. Chicago Systems Software 一案中，以及原告所多次采纳。第三种观点是，第101条第（1）款下的“雇员”一词使用的是其在普通法下代理法的含义。这种看法被第五巡回法院在 *Easter Seal Society for Crippled Children & Adults of Louisiana, Inc. v. Playboy Enterprises* 一案中接受，并被下面的上诉法院采纳。最后，被告和很多专家意见主张，“雇员”一词仅仅表示“正式的，拿工资”的被雇佣人。第九巡回上诉法院最近采纳了这种观点。

解释成文法的出发点永远都是其语言本身。版权法没有定义“雇员”和“受雇范围”这两个词。然而，世所公认，“国会是根据传承下来的、普通法意义上的含义来使用这些表述的，除非立法有其他指示，法院应当推断国会意图使用这些表述被公认的含义。”过去，当国会不加定义的使用“雇员”一词时，我们已经断定国会意图根据普通法的代理原则来描述这一传统的关系。在雇佣作品条款中，没有任何文字显示国会意图使用“雇员”和“雇佣”来描述“传统的雇佣者和雇员关系之外的任何其他东西”。相反，国会使用代理法定义的意图可以从第101条第（1）款使用了“受雇范围”——一个代理法中广泛使用的术语——这一表述中看出来（参见《1958年代理法重述》（以下简称《重述》））。

在过去有关成文法解释的案件中，当我们已经得出结论，认为国会希望诸如“雇员”、“雇主”以及“受雇范围”之类的表述根据代理法来得到理解时，我们已经采用了一般普通代理法——而不是任何一个州的法律——来赋予这些表述以意义。这种做法反映了“联邦成文法通常被认为具有全国统一的适用性”的事实。本案中适用联邦代理规则，而不是依靠州代理法，是十分必要的，因为版权法广泛地将州法以及普通法版权规则予以排除适用，明白无误地表明了其创设全国性、统一的联邦法的意图。因此，我们同意上诉法院的观点，“雇员”一词应根据一般普通代理法来理解。

相反，原告所提出的辨别方法都与版权法的内容不符。其唯一的焦点是通过建立在雇佣方和产品之间关系上的产品控制权来进行判断，而这是与第101条第（1）款的措辞相冲突的，后者的焦点在于雇佣方和被雇佣方之间的关系。产品控制权说还会扭曲第101条第（2）款的意思。第101条仅仅是建立了识别雇佣作品的两种清晰的方法：其一是由雇员制作的作品，另一种则是属于九类列举项目并以书面形式确认了的特别订制或委托的作品。通过对产品的控制权来进行判断忽视了这种二分法，它将第101条第（1）款下的雇佣作品转变成了任何“特别订制或委托”的作品，只要它们是出于雇主的监督和控制之下。因为，根据定义，雇佣了一件“特别订制或委托”作品的一方，有权在委托被接受时及直到作品完成以前的期间，对其所想要产品的特质提出要求。通过对产品的控制权来进行辨别的方法意味着符合第101条第（2）款的众多作品都将被视为第101条第（1）款的雇佣作品。原告的解释尤其难以与第101条第（2）款所列举的是雇佣作品的九类特殊订制或委托的作品相符，如，“集体作品的创作部分”，“电影的一部分”还有“试题解答材料”。这些作品的共同特点是，其创作通常是根据出版商或制作人的请求而发生，制作过程在他们的指导下进行，并且风险也由他们承担。正因为这种特殊性质，这些作品才会是原告对产品控制权说下的雇员作品。

由第二巡回法院在 *Aldon Accessories* 一案中首先提出来的实际控制说，只是在衡量第101条的措辞和结构时才略有用处。根据这种方法，在某件特定作品的创作过程中受到较大控制和监督的独立的承包人，也将被视为第101条第（1）款下的“雇员”。因此，第101条第（1）款下的雇佣作品性质依赖于雇主对产品的实际控制状态，而不是控制权。根据实际控制说，若一方委托了、但并没有实际控制某一属于九类列举项目的作品，则该作品将符合第101条第（2）款，但却不符合第101条第（1）款。尽管如此，我们仍然同意第五巡回上诉法院所说的“从成文法本身的措辞中根本无法推出 *Aldon Accessories* 的‘实际控制’说”。第101条清楚地划清了雇员和委托作品之间的界线。尽管其他区别可以是版权政策上的问题，成文法并没有为一种额外的二分法——区分委托作品是否受到雇主的实际控制和监督——提供任何支持。

因此，我们认为版权法第101条的措辞和结构没有为这两种方法——无论是控制权说还是实际控制说——提供支持。第101条的结构表明，通过两种相互独立的方法中的任何一种，一是雇员所作，另一个是由独立承包人所作，都可以确定雇佣作品。而成文法解释的常用规则也表明，对特定被雇佣方的分类应当根据代理法来进行。

从版权法的立法历史中，我们找到了这一对未加定义的成文法用语进行解释的支持。版权法，一个几乎彻底推翻了现存版权法律的法案，是在美国版权局和一定程度上国会的监督下，创作者群体和使用版权的行业们的代表们之间长达20年的协商达成的妥协产物。尽管最终导致了版权法诞生的协商和妥协是一个漫长的历史过程，有两样东西却一直贯穿始终：其一，利益群体和国会之中认为雇员的作品和独立承包人的受托作品是两类独立的作品。其二，在使用“雇员”一词时，各方以及国会都想表示传统雇佣关系中的被雇佣一方。这些因素对我们认可的解读方式产生了积极的影响。

1955年，当国会决定重新制定版权法时，1909年《版权法》第62条对雇佣作品做了规定。该条款规定，“作者”一词应当包括雇主，如果作品是受雇佣而作的话。由于1909年版权法并未定义“雇主”或“雇佣作品”，因此，构建这些用语的任务落到了法院身上。国会认为，第62条中的雇佣作品条款仅适用于雇员在正常的雇佣过程中创作的作品。至于委托作品，法院通常假定受托方已经默示同意将版权随同作品本身，一起转移给雇主。

1961年，版权局提起的第一次立法建议保留了对雇员作品和由独立承包人制作的作品的区分。版权局于1963年发布了一个初步草案。该草案定义“雇佣作品”为“雇员在雇佣的职责范围内所作的作品，但不包括特别订制或委托的作品”。

书籍出版商对于初步草案将雇佣作品原则限定于“雇员”提出了反对意见。为回应这些抗议，1964年修订版法案第一次将雇佣作品的分类范围扩大至包括受托作品在内。法案所使用的措辞——由出版业代表率先提出，在指“雇员”时保留了雇佣作品的定义，但增加了不考虑主体问题而把受托作品包括进去的独立条款，“如果双方书面表示同意”的话。代表作者的一方抗议道，增加的条款会使得出版商得以利用其在讨价还价时的优势地位来强迫作者签订雇佣作品协议，以放弃所有的版权为条件来出版作者的著作。

1965年，对抗的各利益方达成了一个历史性的妥协。妥协的结果被写进了提交给国会和版权局的联合备忘录，然后被包括进了1965年修正案，并在11年后，以相同的形式和几乎同样的语言被写进了1976年版权法第101条。作为妥协，第101条第（1）款保留了“雇员在雇佣的范围内所作的作品”的措辞。然而，作为出版商对与转让权利的终止有关的条款做出让步的交换条件，作者方同意了第二款的内容，如果当事人明白地达成书面协议写道：“作品是‘集体作品的一部分，电影的一部分，译文，或补充性的作品’”，则有四类受托作品可以被认为是雇佣作品。利益各方选择了这些类目是因为他们认为这些种类的受托作品，尽管并非由雇员所作所以也不在第一款的规定之列，但仍然应当被视为雇佣作品，因为这些作品的创作通常是根据出版商或制作人的请求而发生，制作过程在他们的指导下进行，并且风险也由他们承担。补充报告强调只有这“提及的四种特殊情况”可以作为合格的雇佣作品；“其他特别订制或委托的作品并不属于定义的范围”。

1966年，司法委员会在修正案的第一次立法报告中认可了这一妥协。保留了雇员作品和受托作品的区别的同时，委员会将注意力放到了“如何为这些根据特别订制或委托而创作的作品是否雇佣作品设定立法上的界限”。委员会增加列举了另外四种应当被视为雇佣作品的受托作品的类目包括编辑作品、教学课文、地图集。除了后来增加的“试题解答材料”，1976年颁布的版权法包含了与1966年修正案相同的雇佣作品定义，以及同样的结构和几乎一致的措辞。实际上，1976年的众议院和参议院报告借用了针对之前草案的报告语言。

所以，版权法的立法历史是如此的重要，有以下几个原因：首先，

1965年的妥协结果只做了微小修改而得以颁布，表明国会希望给出两种独立的使某件作品获得雇佣作品地位的方法：一是给雇员，另一种是给独立承包人。其次，立法历史强调了立法语言的重要性：只有列举的受托作品才可以得到雇佣作品地位。雇主对作品的控制权绝非是具有决定性的关键因素。事实上，引入根据雇主对产品的控制权或实际控制来进行判别的方法，会瓦解那"小心制定的旨在平衡双方合法权益的妥协"。

我们没有找到令人信服的原告对版权法历史所作的相反解释。原告主张，国会在颁布法案时意图包括一些根据1909年版权法所做出的判决，这些判决认为雇佣关系的存在已经足够使雇主享有版权，只要雇主有权控制或监督艺术家的工作。为支持这一论点，原告写道："无论是在1976年版权法还是其立法历史中，国会都没有声明它意图抛弃控制标准，或是拒绝法案之前所做出的识别雇佣关系下作品的判决努力。"

我们认为这一解释并不成立。原先，"国会的沉默只是沉默"。原告对立法沉默的依赖在这里尤其显得不恰当，因为第101条的文字和结构都表明了另一种意思。此外，雇用作品条款的结构在1965年时就已经发展充分了，而其文字也在1966年时作为实质上的终稿被接受了。然而，在那时，法院已经对传统的雇员单独适用了1909版权法下的雇佣作品原则。事实上，直到1965年妥协最终成形并被国会采纳，联邦法院才第一次适用了受托作品的雇佣作品原则。国会当然不可能"抛弃"一系列在当时尚未做出的判决。

最后，原告对雇佣作品条款的理解会侵犯国会修订1976年《版权法》时至高无上的目标——增强版权所有权的可预见性和稳定性。在"版权市场"中，各方当事人本着其中一方将获得完工作品版权的所有权的期望而进行协商。怀抱着这样的期望，各方在开始时便可以确定相关的合同条款，如作品的价钱和复制权的所有权。

在原告认可实际控制说的情况下，CCNV对雇佣条款的理解却阻止了这一计划。因为该说依赖于雇主是否密切地监督了制作过程，就算不是直到作品完成时，各方也只能在过程的后期才有可能知道该作品是否属于第101条第（1）款。按照原告的推论，因此，各方将必须事先预计雇主是否会给予某一作品足够的控制以使自己成为作者。"如果他们猜错了，则他们对'雇佣作品'或任务的依赖将给予他们并未争取的版权利益。"这种对雇佣作品条款的理解明显与国会通过事前计划来提高可预见性的目标背道而驰。此外，原告的解释"为雇主敞开了方便之门，雇主从第二款规定之外的独立承包人那里没有得到完整的版权权利，然而只要雇主指导了或监督了该作品——对雇佣方来说要达到这个标准实在是不能再简单的了，却依然能在作品完成多年后单方面的获得雇佣作品的权利。”

总之，我们必须拒绝原告的论点，因为雇佣方享有对作品的控制权或实际控制，而将某件受托作品转化为由雇员所作的作品，与雇佣作品条款的措辞、结构和立法历史均不相符。要认定某一作品是否是版权法下的雇佣作品，法院应当根据一般普通代理法的原则来确定该作品是否是由雇员或独立的承包人所作。做出这个决定之后，法院才能正确的适用第 101 条的相应条款。

最后，我们转而对 Reid 制作“Third World America”适用第 101 条。要确定被雇佣方是否是一般普通代理法下的雇员，我们考虑了雇佣方对完成作品的方式和手段的控制权。在其他与这一问题有关的因素中，包括所需的技术，工具和设施的来源，工作的地点，双方之间关系持续时间的长短，雇佣方是否有权向被雇佣方指定额外的任务，被雇用方在何时以及工作多长时间上所享有的自主决定权的程度，付款方式，被雇用方在决定雇佣助手并支付其报酬一事上的角色，雇主是否进行商业活动，雇员福利条款，以及被雇用方的税收负担。

根据这些因素来检查本案的情况，我们同意上诉法院的意见：Reid 不是雇员而是独立的承包人。确实，CCNV 成员对 Reid 的工作进行足够多的指导以保证他制作出符合 CCNV 要求的雕塑，但是雇主一方对作品细节实施的控制程度并不是本案的关键。实际上，对于雇佣关系的存在，所有其他的情况都作了反面证明。Reid 是一个雕塑家，属于一个技巧性的职业。Reid 使用他自己的工具，在他自己位于 Baltimore 的工作室里工作——这使得从华盛顿对他的活动进行每日监督是不可能的。Reid 在这个项目上花了两个月的时间———一段相当短的时间。在此期间以及此后的时间里，CCNV 都无权向 Reid 指派其他项目。除了完成雕塑的最后期限限制，Reid 拥有绝对的自主权去决定何时工作及工作多长时间。CCNV 向 Reid 支付了 15 000 美元，一笔取决于“特定工作的完成，独立承包人所经常被支付酬劳的方式”。Reid 有完全的自主权决定雇佣助手并支付其报酬。“对 CCNV 而言，创作雕塑很难说是‘通常的生意’”。实际上，CCNV 甚至不是在从事商业活动。最后，CCNV 并未支付薪水或社会保障税，提供任何的雇员福利，或是向失业保险或工人赔偿基金做出任何贡献。

由于 Reid 是独立承包人，所以“Third World America”是否是雇佣作品取决于它是否符合第 101 条第（2）款的规定。本案的原告承认自己不能证明这一点。因此，根据版权法雇佣作品条款的性质，CCNV 不是“Third World America”的作者。然而，正如上诉法院所清楚地指出那样，CCNV 仍然有可能成为该雕塑的共同作者，如果根据进一步的审理，地区法院认为 CCNV 和 Reid 抱着“他们的贡献将合并为一个单一整体不可分离的或相互依靠的部分的意愿”来创作这一作品的话，CCNV 和 Reid 将成为该作品版权的共同所有者。

根据以上所述理由，我们维持上哥伦比亚地区巡回上诉法院的判决。

评论：

在美国版权法中，关于雇佣作品概念的定义发展过程实际上是出版商、制片人和普通作者之间利益的抗衡过程。美国 1976 年版权法有关委托作品的规定正是各方妥协在法律上的反映。该法第 101 条对何为雇佣作品作了详细的界定，“雇佣作品”是指：（1）雇员在受雇期间创作的作品。（2）作为特约作品或者委托作品而使用的作品，如集体作品中的撰稿、电影或其他视听作品的构成部分、译文、辅助作品、编辑作品、教材、测试答案资料、地图，假如双方以签署的书面文件明确约定视该作品为雇佣作品。该定义表明，以上 9 种委托作品虽然可以“转化”为“雇佣作品”，但这种转变并非是毫无限制的，而是有前提条件的，即双方签署了约定委托作品为雇佣作品的书面合同。该限制性条件将普通法上法定改变委托作品的性质，改为由委托人和受托人通过合同形式自愿改变作品的“性质”。只要双方签订了此种文件，委托作品便变成了“雇佣作品”。既然作品是雇佣作品，自然要适用有关雇佣作品的规定。美国 1976 年版权法第 201 条（b）款规定：“涉及雇佣作品时，雇主或者作品为其而创作的他人视为作者，享有构成版权的所有权利，但双方以签署的书面文件另有明示约定的除外。”

据此，委托人最终原始取得了作品版权。但是，值得人们注意的是，委托人不是以委托人的身份而原始取得委托作品的版权的，而是以“雇主的身份”和“作者的身份”原始取得已经“转化”为“雇佣作品”的委托作品的版权。然而，假如委托人和受托人并未签署约定视该作品为雇佣作品的书面文件，即使是这 9 种委托作品也还是“委托作品”，不会自然而然地变为雇佣作品。不是雇佣作品，则无法适用“雇佣作品原则”。至于上述 9 种以外的委托作品，则无论如何约定，都不会变为雇佣作品。不是雇佣作品，则只能适用“创作人为作者原则”。依此，受托人（创作人）是作者，原始取得版权，他与委托人签订的被某些学者称为

"约定版权归属的合同"，实际上只是版权的转让合同。

然而，由于"委托作品"和"雇佣作品"之间这一复杂的转化关系，美国1976年版权法关于雇佣作品的上述条款在司法实践中的应用还是存在一定的混乱，直到美国最高法院作出本案判决。美国最高法院在审理中首先详细回顾了1976年版权法的立法过程，随后阐释了何为"雇佣关系"，并驳斥了原告关于委托作品属于雇佣作品的主张；美国最高法院认为，依据1976年版权法，委托作品不是雇佣作品，即使是1976年版权法第101条规定的可以转化为雇佣作品的9种委托作品，如无约定改变作品性质的书面合同，也仍然是委托作品，更何况雕塑作品本来就不在可转变为雇佣作品的9种委托作品之列。据此，美国最高法院作出了该案被告为诉争雕塑作品作者的终审判决。美国最高法院这一里程碑式的判决不仅维护了1976年版权法中有关委托作品的妥协性安排，而且对何为雇佣关系作了权威性解释。这一案件的判决不容置疑地表明：依据美国版权法，真正的委托作品，而不是"转化"为雇佣作品的"委托作品"，不适用"视为作者原则"，仍适用"创作人为作者原则"；作品的作者是创作人，即受托人。

我国《著作权法》中采用的是"法人作品"和"职务作品"的概念。但是，法人作品和职务作品由于在认定要素上非常接近，在实践中区分起来有一定的困难，目前国内有很多学者认为应该对这两个概念进行整合修订。

《著作权法》第十一条规定："由法人或者其他组织主持，代表法人或者其他组织意志创作，并由法人或者其他组织承担责任的作品，法人或者其他组织视为作者。如无相反证明，在作品上署名的公民、法人或者其他组织为作者。"上述规定为《著作权法》对法人作品或其他组织作品的规定，根据上述规定，法人作品的构成为：（1）由法人或者其他组织主持创作，而不是由该法人或者组织的工作人员自发进行；（2）创作思想及表达方式须代表、体现法人或者其他组织的意志；（3）由法人或者其他组织承担责任，而不是由执笔人负责。

《著作权法》第十六条规定："公民为完成法人或者其他组织工作任务所创作的作品是职务作品，除本条第二款的规定以外，著作权由作者享有，但法人或者其他组织有权在其业务范围内优先使用。作品完成两年内，未经单位同意，作者不得许可第三人以与单位使用的相同方式使用该作品。有下列情形之一的职务作品，作者享有署名权，著作权的其他权利由法人或者其他组织享有，法人或者其他组织可以给予作者奖励：

（一）主要是利用法人或者其他组织的物质技术条件创作，并由法人或者其他组织承担责任的工程设计图、产品设计图、地图、计算机软件等职务作品；（二）法律、行政法规规定或者合同约定著作权由法人或者其他组织享有的职务作品。”根据上述规定，职务作品是指法人或者其他组织的工作人员为完成该工作任务所创作的作品，其构成要件包括：（1）创作的作品须是法人或者其他组织的工作任务。（2）职务作品的作者通常是本单位工作人员。该作品的著作权归属于作品的作者，但法人或者其他组织有权在其业务范围内优先使用。作品完成两年内，未经单位同意，作者不得许可第三人以与单位使用的相同方式使用该作品。若职务作品符合《著作权法》第十六条第二款的规定，该职务作品的作者仅享有署名权，著作权的其他权利由法人或者其他组织享有。

第二节　演绎作品

Mirage Editions, Inc. v. Albuquerque A. R. T. Co.
856 F. 2d 1341 (1988)
美国第九巡回法院

案由：

Patrick Nagel 是一名艺术家，其作品形式多种多样，包括版画、海报、绢印画及各种杂志的图形设计。Nagel 于 1984 年去世，其遗孀 Jennifer Dumas 继承了 Nagel 的艺术作品版权。Mirage 是 Nagel 作品的独家出版人，并且他也拥有相当一部分 Nagel 作品的版权。Dumas 以及 Mirage 拥有所有 Nagel 作品的版权，除此之外没有任何其他人享有任何 Nagel 作品的版权。被上诉人 Alfred Van Der Marck Editions, Inc. 是 Dumas 和 Mirage 的授权使用者，同时也是标题为“*NAGEL: The Art of Patrick Nagel*”的纪念册（以下简称“纪念册”）的出版商。纪念册收集了一些有代表性的有版权的独立作品以及私人评论。

自 1984 年起，上诉人的主要业务包括：（1）购买艺术品印刷物或包含印有高质量的艺术品书页的书籍；（2）将独立的印刷物或书页粘贴到一片三角形的黑色塑料上并在印刷品周围保留一圈黑色的空白边缘；（3）将有印刷图案的黑色塑料片粘到一片三角形白色陶瓷砖的主面上；（4）用一种透明的塑料薄膜将印刷图案、黑塑料片及白色陶瓷砖覆盖住；以及（5）在零售市场上销售这种印有艺术作品的陶瓷砖。

毫无疑问，本案中上诉人在上述过程中使用了纪念册。上诉人从书中取得某些书页，将它们分别用在了瓷砖上，然后将这些瓷砖进行零售。Mirage，Dumas 和 Van Der Marck 提起诉讼，声称他们对 Nagel 艺术作品以及纪念册的版权受到了侵害。同时，Mirage 还主张，其商标权受到了侵害并且根据 Lanham Act（商标法），上诉人的行为构成了不公平竞争。

美国加利福尼亚州中心区地区法院法官做出简易判决，判定原告版权所有者胜诉。瓷砖销售商提起上诉。上诉人主张其并未侵害任何人的版权，因为（1）其生产的瓷砖不是演绎作品，以及（2）“首次销售”原则排除了侵害产生的可能。

上诉法院认为：（1）本案中由销售方生产的瓷砖使用了书籍中的印刷品，这些瓷砖构成演绎作品并且侵犯了版权，以及（2）“首次销售”原则并不适用于演绎作品的制作。法院还禁止上诉人从书中取得艺术图案，将它们分别用在瓷砖上以及为销售这些印有图案的瓷砖作广告。

法院意见：

“首次销售”原则允许瓷砖销售商购买集合了多位艺术家作品书籍的复制品，并且还把该复制品的所有权赋予了购买者；但这一原则并没有允许瓷砖销售商从其所购买的书中取用个别插图或整页并把其用在对外销售上。瓷砖制作流程构成了制作演绎作品的行为，而制作演绎作品的排他性权利属于版权所有者。瓷砖销售商制作了“演绎作品”，并因此侵犯了艺术作品的版权。

1976 年版权法授予了版权所有者以多种形式使用其版权的排他性权利。这些权利包括：（1）将版权作品进行复制的权利；（2）根据版权作品制作演绎作品的权利；（3）通过出售或所有权转移的其他方式，或者通过出租或出借，向公众发行有版权作品的复制件或录音制品；以及（4）在文学、绘画、平面设计和雕塑作品（包括独立的图像）领域，公开展示这些版权作品的权利。

1976 年版权法将演绎作品定义为：基于一件或多件既存作品而产生的作品，如译文、乐曲改编、改编成的戏剧、改编成的小说、改编成的电影剧本、录音作品、艺术复制品、节本、缩写本或任何其他重新安排、改变形式和改编的形式。凡作品内有编辑的修订、注解、详细解释或其他修改，作为整体成为作者的独创的作品均为“演绎作品”。对演绎作品的保护不仅仅限于单纯的防止未经授权行为，而是扩展到了制作其他版本、表演或展览作品的权利。Nimmer 教授在其有关版权法的论述中指出，只有当作品的材料在未经既存作品版权所有人同意而从该既存作品中取得，而基于该材料创作的作品将被视为侵权作品时，该作品才会被视为演绎作品。

上诉人毫无疑问制作了 Nagel 艺术作品的另一种版本，而这构成了制作演绎作品。未经艺术作品版权所有人 Mirage 和 Dumas，以及纪念册版权所有人 Van Der Marck 的同意，上诉人将既存的、受版权保护的独立艺术图像借来并用在了瓷砖上，此种行为已构成制作演绎作品，并侵害了版权。

上诉人主张因为其并没有参与“艺术品复制”，所以其瓷砖不是演绎作品，但这并非本案的全部关键所在。上诉人忽视了演绎作品同样也包括“作品可以被重新安排、改变或改编的其他任何形式”。将独立的图像从书中取走并用到了瓷砖上，上诉人或许并没有完成复制。然而，我们认定，上诉人显然通过把独立的图像包括到其瓷砖生产过程中，而把独立的图像进行了重新安排或改变了其形式。

上诉人认为其没有侵犯版权所依赖的“首次销售”原则在第 109 条第（a）款中作了规定。该条款规定：尽管有第 106 条第（3）款的规定，在法律上认可的名为某一拷贝或唱片的所有者，或是任何经这样的所有者授权的人，都可以不经版权所有者的授权而销售或处置该拷贝或唱片。

在 United States v. Wise 一案中，涉及了 1976 年以前的版权法下的刑事责任，该案法院认为：根据“首次销售”原则，当某一版权所有者将其所有权分割给其版权作品的某一复制品时，他就放弃了自己的排他性权利从而得以销售该复制品。虽然所有者的其他版权权利（重印，复制等）仍然保持完整，销售已经转移了的复制品的排他性权利已由购买者享有，而成文法并不禁止购买者继续转移该复制品。

我们认识到，根据第 109 条第（a）款所规定的以及在 Wise 一案中所讨论的“首次销售”原则，上诉人可以购买 Nagel 纪念册的复制件并随后处置其对所购书籍的所有权。然而，转移的权利仅限于上诉人购买的特定书册，此外别无其他。版权所有人没有将其制作演绎作品的排他性权利同时进行转让，这一书册的销售不会给予上诉人制作演绎作品的权利。演绎作品权仍然完整的由版权所有人所享有。正如我们之前所得出的结论，上诉人的瓷砖生产过程构成了创作演绎作品的行为，而制作演绎作品的排他性权利却属于版权所有者，“首次销售”原则并不能阻止被上诉人提出的版权侵害请求。

维持原判。

评论：

1976 年版权法将演绎作品定义为：基于一件或多件既存作品而产生的作品，如译文、乐曲改编、改编成的戏剧、改编成的小说、改编成的电影剧本、录音作品、艺术复制品、节本、缩写本或任何其他重新安排、改变形式和改编的形式。凡作品内有编辑的修订、注解、详细解释或其他修改，作为整体成为作者独创的作品均为“演绎作品”。

在确立演绎作品的可版权性标准时应当着重考虑演绎作品版权保护对基础作品的影响。如果所谓“演绎作品”是“复制”基础作品而产生的，就不能对其赋予版权保护，否则会对他人在基础作品的基础之上创作演绎作品造成不适当的阻碍，违背了版权法的立法目的。一般而言，原创性演绎作品相较于基础作品应当表现出来源于作者的、超过仅是微小限度的、可区别的变化。

我国《著作权法》中虽然没有出现“演绎作品”的字样，但该法第 12 条规定，改编、翻译、注释、整理已有作品而产生的作品，其著作权由改编、翻译、注释、整理人享有，但行使著作权时不得侵犯原作品的著作权。这一条实际上是对演绎作品版权归属的规定，确定了原著作权人和演绎者之间的版权利益关系。另外，《著作权法》第 10 条第 1 款第 13 项至第 16 项规定了作者的演绎权，即：“（十三）摄制权，即以摄制电影或者以类似摄制电影的方法将作品固定在载体上的权利；（十四）改编权，即改变作品，创作出具有独创性的新作品的权利；（十五）翻译权，即将作品从一种语言文字转换成另一种语言文字的权利；（十六）汇编权，即将作品或者作品的片段通过选择或者编排，汇集成新作品的权利”。

第四章

版权的内容

第一节　人　身　权

Gilliam v. American Broadcasting Companies, Inc.
538 F.2d 14 (1976)
美国联邦第二巡回法院

案由：

自1969年成立以来，Monty Python因其为英国广播公司制作的作为系列喜剧一部分的三十分钟电视节目“Monty Python的空中马戏”而闻名。根据Monty Python和英国广播公司签订的协议，该创作组为英国广播公司写稿并交由英国广播公司用于拍摄电视系列剧。这个编剧协议详细地叙述了在节目录制之前修改相关剧本的流程。协议该部分的关键之处是英国广播公司保留有进行修改的最终权利，而上诉人或者他们的代表可以在和英国广播公司的权力保持一致时对剧本行使最适宜的控制方式，并且只有那些细小的改动才不用与作者进行事先的商量。一旦节目被录制后，协议没有允许英国广播公司对节目进行改动。协议进一步规定除了协议条款规定外，创作组保留对剧本的所有权利。

基于该协议，英国广播公司享有向海外传播该电视节目的录像的许可权。在美国，不管是在商业电视台还是非商业的公众电视台中播出，该节目均保持了其在英国播出时的完整性而且没有商业广告的插入。1973年10月，时代生活电影公司（以下称“时代生活”）取得了英国广播公司部分电视节目在美国的分销权，这其中包括了Monty Python的节目。时代生活仅被允许为了插入商业广告、基于必要的审查制度和政府规章以及美国广播协会和时间分段要求而对该节目进行编辑。在Monty

Python 和英国广播公司签订的协议中找不到类似的条款。在 1975 年的春天，美国电视广播公司曾试图取得播出 Monty Python 节目中的片段的权利，但被该创作组以节目会被割断为由拒绝。因此，在 1975 年 6 月，美国电视广播公司与时代生活达成协议播出两段 19 分钟的特别节目，每段节目由三个三十分钟的 Monty Python 的节目组成。Monty Python 的这些节目从未在该国被播出过。英国广播公司和 Monty Python 的代表之间的通信表明他们认为美国电视广播公司将会完整地播出 Monty Python 的节目。1975 年 9 月 5 日，Monty Python 的代表写信询问英国广播公司，如果 90 分钟的节目中有 24 分钟用于商业需要，美国电视广播公司如何能保持作品的完整性？英国广播公司于 9 月 12 日回复说，他们只能向其保证美国电视广播公司会以背靠背的形式播出这些节目，并且美国广播公司坚称说不会分割节目。

美国电视广播公司在 1975 年 10 月 3 日播出了第一期的特别节目。直到 11 月底上诉人才看到该节目的录像带并且声称节目被毁损和剪切得让人震惊。90 分钟的节目有 24 分钟被省略了。节目被大量剪辑以为商业广告留出时间，还有些镜头也被剪辑了，因为据美国电视广播公司称原节目中有攻击性和淫秽的成分。

12 月初，Monty Python 得知美国电视广播公司计划于 1975 年 12 月 26 日播出第二期的特别节目。当事方开始就节目的编辑事宜进行协商，并推迟了播出以便 Monty Python 能够审查，但这些协商失败了。12 月 15 日，创作组提起诉讼要求禁止该节目的播出以及损害赔偿。地区法院认为“原告证明了其作品的完整性受到了损害”，这“使得该作品丧失了其反传统的特色”。根据雷斯克法官的意见，“给原告造成的损害就性质而言是不可挽回的”。但法院却拒绝给予原告初步禁令，理由是首先该依 Monty Python 的剧本由英国广播公司制作的节目谁拥有其版权这点还不清楚，其次时代生活和英国广播公司是否属于本案中不可缺少的当事方，再者如果美国电视广播公司被禁止播放已经安排在日程上的节目达一周之久，其将会遭受巨大的财政损失，最后根据 Monty Python 在本案中的行为，其也有“一定程度上的令人困扰的疏忽大意”。

地区法院同意了 Monty Python 的请求，给予其更多的限制性救济措施，即由美国电视广播公司在 12 月 26 日发表一个放弃声明，以期澄清创作组与播出的被剪辑的节目无任何瓜葛。但合议庭却准许先延缓执行法院的指令直到该案被上诉法院审理，并允许美国电视广播公司继续播出该节目，只是要求在节目开始声明该节目系由美国电视广播公司编辑。1

月 13 日本院开始审理该案，从那时起美国电视广播公司即被禁止播放涉及本案的 Monty Python 的所有被编辑的节目直到法院作出判决。

地区法院拒绝给予原告初步禁令，以禁止美国电视广播公司播放原告声称侵犯其版权及违反了《兰哈姆法》的经编辑的电视节目。原告上诉。

法官意见：

纽约州南区法院法官拒绝给予原告初步禁令来禁止美国电视广播公司播出由原告创作表演并在英国广播公司播出的三个独立作品的经修改的版本。就上诉人（原告）已经证明了美国电视广播公司所做的修改已经损害了原作品完整性这一点，我们与地区法院法官意见一致。我们还认为并不存在地区法院法官所称的对美国电视广播公司的禁令有可能带来持续增强的抵消性伤害，因此地区法院应该给予原告初步禁令。

I

在决定是否在该诉讼的初始阶段给予禁令式的救济措施，地区法院恰当地考虑了以下因素：如果拒绝给予禁令将给原告带来的损失；如果禁令被允许被告将遭受的损失；以及原告基于案件事实最终获胜的可能性。本院决定给予原告初步禁令，理由是所有的因素都有利于上诉人。

就上诉人因其节目的编辑版本而遭受的损失从性质上来说是不可挽回的而言，地区法院法官的结论中并没有明显错误。如果美国电视广播公司歪曲了 Monty Python 的作品，许多以前并不熟悉 Monty Python 作品的观众很可能会因为该节目而不会成为 Monty Python 的忠实观众。随之而来的对上诉人声誉的伤害将会使他们无法吸引大量观众进而取得事业的成功。

对比 Monty Python 因拒绝给予初步禁令而可能遭受的损害，地区法院法官认为美国电视广播公司与其分支机构的关系也将会因为初步禁令的实施而遭到破坏。法院发现美国电视广播公司及其分支机构为该节目打了广告，并且也将其列入了接下来一周的电视节目单，这些节目单已经被派发给了公众。因此法官的结论是，如果在最后一刻取消了 12 月 26 日的节目，那么将会给被告带来财政上的损失及其在公众和广告商当中的声誉。

摆在法院面前的争议焦点是初步禁令是不是应先于节目的播放。不论上述这些考量是如何的言之有理，美国电视广播公司的损失更像是被推测出来的。美国电视广播公司并没有随即就将该特别节目的重播安排在日程上，广告费用也没有立即产生。因此，即使该节目其后的播出被禁止，被告和其分支机构以及公众之间的关系也没有遭受到不可修复的危险。

关于上诉人是否有可能依案件事实胜诉的可能性，在决定是否存在侵犯版权的可能性时，我们特别注重这一事实——即对节目的剪辑是否是实质性的，也就是要考虑以下两点：原作品的27%被省略了；该剪辑违反了合同中限制对 Monty Python 作品进行编辑的规定。

地区法院法官之所以拒绝给予初步禁令，部分是出于其不能确定该录制节目的版权所有者。上诉人最初宣称所有权问题与本案无关，因为该录制节目仅仅是一个基于剧本产生的派生作品，而上诉人对剧本拥有无可置疑的版权。因此即便英国广播公司拥有该录制节目的版权，对原告作品的使用也将被限制于 Monty Python 授予英国广播公司使用其原始剧本的许可范围之内。我们同意上述说法。

《版权法》第7条规定，“版权法规定，如对享有版权的作品的改编、汇编、改编成剧或者其他形式的编辑是经原作品版权所有者的同意而进行的，那么以上这些形式将被看成享有版权的新作品”。毫无疑问该录制节目属于上述条款规定的类别，是对剧本的改编成剧，因此该录制节目本身享有版权保护，同时派生作品不影响原作品版权的范围和效力。因此英国广播公司拥有的录制节目的作品版权不影响原剧本版权的所有权和范围。

在被吸收进派生作品后，原剧本的版权仍将保持完整。如果某人想使用这个剧本，即使他已经获得了派生作品者的同意，仍然可能侵犯原作品的版权。被告被判侵犯版权，因为尽管他们获得允许使用电影剧本来准备一个电视剧本，但没有获得原作品作者的同意，该电影剧本正是基于原作品所创作的。

如果原作品的版权所有人许可派生作品的所有者将该派生作品给第三方使用，那么在符合上述许可的情况下，第三方当然对使用派生作品中的原作品不承担任何责任。本案中双方的协议正是这种类型。Monty Python 与英国广播公司之间的剧本写作协议特别授权后者可以将英国广播公司制作的节目录像传播给诸如时代生活之类的分销商以进行海外传播。

当某人获准使用一个派生作品中享有版权保护的剧本时，其不得超出许可规定的特定目的。上诉人在本案中诉称只有在与 Monty Python 进行协商后才能对剧本作出改动并最终改动节目，但美国电视广播公司对录制好的节目擅自进行编辑并播出，这种行为超越了英国广播公司被许可使用剧本的范围。

持有版权者享有控制其作品的能力，这是我们的版权法要永远保护的，不论是为了让作品取得更大的经济利益，还是保证版权所有人享有对更改派生作品的企图的否决权利。因此，我们认为如果能证明对原作品的修改是未经授权的，则该修改构成对该作品版权的侵犯，这和以其他形式未经版权人许可而使用作品的情况相类似。

如果对 Monty Python 节目的修改并播出侵犯了该创作组对剧本的版权，则美国电视广播公司不能以英国广播公司和时代生活或者时代生活与美国电视广播公司的协议允许编辑为借口。英国广播公司没有权利单方面对剧本进行修改，也没有被特别授权可以修改录制后的节目。而且 Monty Python 保留了没有许可给英国广播公司的所有权利。既然一个许可人不能转让大于其自身拥有的权利，则英国广播公司同意时代生活既而是美国电视广播公司对节目进行编辑的许可是无效的。

美国电视广播公司就上诉人侵犯版权的诉状提出了一系列的抗辩，但在诉讼的该阶段看起来没有一项是可以得到法律支持的。美国电视广播公司声称 Monty Python 的英国代表吉尔福斯特知道美国电视广播公司在 10 月 3 日的广播中计划删除英国广播公司的 Monty Python 原始节目的一大部分。因此美国电视广播公司认为 Monty Python 没有事前作出反对，这等于认可英国广播公司许可他人编辑原始剧本的权利。

尽管 Ilyin v. Avon Publications, Inc. 案可以被广义地理解为这样一个规则，即派生作品的持有人通过原作品人认可可以获得原始作品的权利，但在本案中要得出这样的结论需要证明存在必要的行为。上诉人直到 11 月底才知道 10 月 3 日播出的节目被删改了，这一事实并无争议。即使他们的英国代表知道这一情况因而他们应该知悉上述事实，我们并不清楚他们是否事先就知道这些删改或批准了删节，地区法院法官也没有就此作出事实的认定。虽然福斯特在 9 月 5 日的确问起过，如果美国电视广播公司打算插入 24 分钟的商业广告，其如何播出完整的节目，但该创作组收到了来自英国广播公司的确认说该节目不会被删节。原告确知节目的时长将被略去一段以插播商业广告的事实并不能证明原告认可上述删节。这一点从原告事先得到保证节目将会完整包含原始的表演来看尤为正确。就现存的记录来看，我们不认为原告认可英国广播公司对修改权的许可。

美国电视广播公司的另一个抗辩是基于共同作品的理论，认为 Monty

Python 的剧本和英国广播公司录制的节目是共存于一个单独作品的不同成分，因此每个创作者都享有最终作品所有有版权部分的不可分割的所有权。那么英国广播公司有权许可对原告创作的剧本的使用权，包括修改。共同作品理论被批评为会导致不公平，除非“在第一作者创作时，第二作者对作品的贡献构成整个作品中不可分的部分”，并且第一作者意图使最终作品成为一个共同作品。更进一步，如果促成双方合作的合同显示一方应享有更多的利益，法院也常常限制对该原则进行广泛应用。在本案中，Monty Python 与英国广播公司之间的剧本写作协议规定 Monty Python 保留一切协议中未授予的对该剧本的权利，并且 Monty Python 有权在未来为在电视上使用而将该剧本许可给英国广播公司之外的其他人使用。这些规定显示当事人并不把他们自己视为一个单独作品的共同作者。这个问题留待初审时更深入的探究，但在目前阶段这不禁止法院给予原告初步禁令。

美国广播公司还坚持认为上诉人和英国广播公司之间的合同允许美国境内的商业电视台对节目进行编辑。美国电视广播公司辩称，剧本写作协议仅允许上诉人在节目录制之前有参与修改的权利，那意味着英国广播公司在节目录制后享有不受限制的修改权。这项抗辩显然没有依据。合同表明 Monty Python 之所以要控制剧本的修改，其意图在于保证对根据剧本录制的节目的控制。既然剧本写作协议中创作组明确保留了没有在协议中授予的一切权利，而协议中又没有对节目录制后的修改作出规定，因此这项节目录制后的修改权应视为由上诉人所保留，他对这类修改有排他的权利。

美国电视广播公司最后提出上诉人必定会预料到当节目会被相应的删改以符合在美国境内播出。美国电视广播公司提出许可在美国境内使用等于默视地许可在节目中插入广告和在播出前删去攻击性的和淫秽的部分。根据美国电视广播公司的说法，上诉人应该预料到绝大部分被删除的部分含有淫秽的成分不适于在美国电视台播出，这些部分将被商业广告所取代，因为这被认为更适合美国观众的口味。用来证明上述观点的证据却没能提供根据来支持存在默视的同意。在美国电视广播公司播出节目之前，Monty Python 的节目已经在这个国家的商业电视台和公共电视台广为播出，并未遭到任何删节或打断。事实上，没有证据表明先前的这些广播曾对 Monty Python 节目进行重新编辑。这些事实加上创作组及其代表一直以来坚持要求保持节目完整性的保证，证明创作组知道或者应该知道对节目的删减和插入商业广告是不可避免这种说法是不成立的。

美国电视广播公司对节目的删减，诸如删去了“hell”和“damn”等词，以现今的电视节目播放标准来看是令人费解的。如果美国电视广播公司诚信地认为该节目有大量的淫秽成分，那么它完全可以不播出该特别节目，或者可以与上诉人进行沟通表达它对节目的不同看法。电视台对创作组保留对剧本控制权的节目进行实质性修改后并播出，这种行为不可能免于侵犯版权的诉讼。

因此我们的结论是，上诉人在经过一次完整的初审后很有可能成功证明美国电视广播公司对 Monty Python 节目进行修改并播出构成对他们原作品版权的侵犯。法院承认被许可方有权对被许可的作品进行较小程度的改动，以使其在向公众播放时符合被许可方的播放风格或标准。但这项特权没有被扩展到当合同规定限制修改 Monty Python 作品的权利时还可进行这种修改的程度。

II

原告还可基于以下理论成功获得初步禁令，即不管美国电视广播公司有播出一个被修改节目的权利，其所为的删节已经构成了对 Monty Python 作品的可被起诉的毁损。这个诉因被用来寻求对一个艺术作品的歪曲进行补救，它根源于大陆法上的一个概念——精神权利。

评论：

著作权人的人身权，也称为精神权，是和著作财产权或者经济权相对的一个概念。作者不但具有经济价值，而且还体现了作者独特的人格、思想和意识、情感等精神状态。作者对作品中体现出来的人格和精神所享有的权利就是著作人身权。对于人身权的保护，大陆法系与英美法系的国家立法对其采取完全不同的立场。大陆法系的国家历来主张承认和保护作者的人身权。英美法系的国家开始都不承认作者的人身权，但后来也逐渐将该部分权利列入版权法。

纵观各国的立法，著作权的人身权主要包括：发表权、署名权、修改权、保护作品完整权等。

一、作品的发表权。作者创作了作品，该作品是否发表，公之于世，其决定权由作者决定。发表权是作者的一项重要权利，它是著作权人实现著作权的财产权的基础。

二、作者的署名权。作者的署名权是作者在发表的自己创作或参与创作的作品时表明自己身份的权利，在作品上署名除表明是该作品的创作人外，还表明署名人因此而承担相关的权利和义务。

三、作品的修改权。对作品的修改权，是指作者自己或者委托他人对自己创作的作品进行修改、增删的权利，对作者作品的修改权在保护期内归作者专有。

四、保护作品的完整权。作者的作品一经发表，作者即享有创作的作品不受歪曲、篡改的权利，任意增删、改动、歪曲破坏作品完整的行为，都为著作权法所禁止。

上述四种权利在我国的《著作权法》中有明确规定。除上述四种权利之外，在人身权保护水平比较高的大陆法系国家，还赋予了一些其他类型的人身权，例如：1. 作者收回作品权，即作者在转让经济权利或者许可其行使之后，如因其表达思想感情发生了变化而希望修改作品或者不希望原作品继续流传，可以收回已经转让或者许可的权利，但是如对对方造成利益损害，则应该提供合理补偿；2. 接触作品权，即在作品原件或者复制件由他人持有的情况下，作者还有权接触作品原件或者复制件，以有效行使著作权；3. 追续权，即视觉艺术作品的作者在其作品在转卖时，有权从中分得一定比例的份额。

第二节 汇 编 权

New York Times Co. , Inc. v. Tasini
533 U. S. 483 (2001)
美国最高法院

案由：

几位被上诉人 Jonathan Tasini, Mary Kay Blakely, Barbara Garson, Margot Mifflin, Sonia Jaffe Robbins 和 David S. Whitford 是文章作者。1990 年至 1993 年之间，他们撰写了本案争议的 21 篇文章。Tasini, Mifflin 和 Blakely 向 The New York Times（该期刊的发行商是上诉人 The New York Times Company，以下简称 Times）提供了 12 篇稿件；Tasini, Garson, Robbins 和 Whitford 向 Newsday（另一家纽约日报，发行商是 Newsday, Inc.，以下简称 Newsday）上诉人提供了 8 篇稿件。Whitford 还向 Sports Illustrated（周刊，发行商是上诉人 Time, Inc.，以下简称 Time）提供了一篇稿件。作者对于每篇文章都登记了版权。The Times, Newsday, and Time（期刊发行商）都将文章原载期刊作为集体作品登记版权。期刊发

行商将自由撰稿人视为独立签约人，合约并没有规定作者同意将其文章置于电子数据库中。

在文章发行时，三家期刊发行商都与上诉人 LEXIS/NEXIS 达成了协议，该上诉人是 NEXIS（一个以纯文本格式储存信息的电脑数据库）的所有人和经营者。NEXIS 包含了成千上百种杂志（报纸和期刊）多年来的文章。发行商许可 LEXIS/NEXIS 使用本案所述三类杂志中的文章，授权 LEXIS/NEXIS 复制和出售这些文章的任何部分。依据许可协议，期刊发行商定期向 LEXIS/NEXIS 提供一批发表在每期期刊上的文章。期刊发行商将每篇文章进行了编码以便于电脑搜索，然后用另一个文档进行传输。在进一步编码之后，LEXIS/NEXIS 将文章储存在其数据库的中央磁盘中。NEXIS 的用户通过电脑可以通过作者、题目等方式查找文章，可以浏览、打印、下载搜索到的每篇文章。文章显示时会同时显示其原先所在刊物、日期、部分、起始页码、题目和作者，但是每篇文章都是独立出现的，即无法查看到同一期刊中与该文章同时刊登的其他内容。NEXIS 不包括图片和广告，也没有包含文章原载期刊排版上的特征，例如标题大小和页码标志位置，或者文章持续页数的安排。Times 还与上诉人 University Microfilms International（UMI）签订了许可协议，授权后者将 Times 期刊中的内容复制到两种 CD-ROM 产品上，即 New York Times OnDisc（N. Y. TO）和 General Periodicals OnDisc（GPO）。与 NEXIS 相同，NYTO 是一个纯文本的系统。与 NEXIS 不同，NYTO 只包含 Times 中的文章。依据一份三方协议，LEXIS/NEXIS 向 UMI 提供一份电脑文件，该文件包含 Times 向 LEXIS/NEXIS 传输的所有文章。与 LEXIS/NEXIS 相同，UMI 对每篇文章进行了特殊编号。UMI 还向用户提供了 NYTO 中所有文章的索引。NYTO 中呈现文章的方式实质上与 NEXIS 是相同的，即含有识别信息（作者，标题等），没有原来的排版和搭配的照片。GPO 包含了约 200 种刊物或刊物节选中的文章。与 NEXIS 和 NYTO 不同，GPO 是一个以图像而非文本为基础的系统。Times 许可 GPO 运用 Times 的 Sunday Book Review and Magazine。UMI 将杂志每一页的图像都刻到 CD-ROMs 中。CD-ROMs 中呈现的文章看起来与期刊中文章的样式完全相同，有照片、标题和广告。UMI 为 GPO 中的所有文章都提供了一个索引和内容摘要。通过 NYTO 和 GPO 查阅文章的方式与通过 NEXIS 查阅文章的方式相同，用户用近似的关键词（例如作者、标题、日期）进行查找。电脑程序在所有的索引和摘要中进行搜索，然后出现一个与关键词匹配的清单。此时用户就可以查看搜索结果中的每一篇文章，也可以打印或者将文章下载到磁盘中。呈现出的文章并没有提供该文章原载刊物上其他文章的链接。

作者们提起这个诉讼，主张由于期刊发行商的准许和推动，LEXIS/NEXIS and UMI（电子发行商）将这些作者的文章放置于数据库中，因而侵犯了其版权。作者们要求公开道歉、停止相关行为和损害赔偿。

针对原告的主张，期刊发行商和电子作品发行商提出：根据《版权法》第201条第（C）款，他们拥有集体作品版权所有者的特权。该条规定如下：集体作品中每篇稿件的版权与作为一个整体的集体作品之版权有区别，而且前者最初便属于稿件的作者。在没有明确转移版权或版权中任何权利的情况下，该集体作品的版权所有者被认为只获得复制和发行该特定集体作品、该集体作品的修订本和同一序列中任何集体作品续编的整体稿件的特权。

法院意见：

纽约南区地区法院做出了支持发行商的简易判决，主要理由是：依据第201条第（C）款，数据库只是复制和发行了“作者最初供稿的集体作品修订版的一部分”，而且，复制和发行的权利还可以转让，因此印刷出版商有权将其转让于数据库公司。

第二巡回区法院推翻了此判决，做出了支持作者的简易判决，理由是：数据库不能被看作是数据库中特定期刊的修订版本；《版权法》第201条第（C）款禁止集体作品的版权所有人单独地将其中单篇作品出售给公众，即使集体作品的版权所有人同时也向公众单独地出售同期报纸或者期刊中其他单篇作品。因此，立法上禁止印刷出版商的个别出售行为，不论这种出售是以直接的方式进行，还是通过数据库间接地进行。本案中原集体作品的版权所有人通过数据库以间接的方式将这些文章单独地提供给公众，自然应当为《版权法》第201条第（c）款所排斥。因此，第二巡回区法院推翻了原判，做出了有利于作者的简易判决。

最高法院最终判决的主要内容是：（1）被告数据库公司未经原告自由撰稿人的授权同意复制和发行原告具有版权的文章，并且这种复制和发行行为不在《版权法》第201条第（C）款规定范围之内，构成对原告版权的侵犯；（2）被告印刷出版商授权并辅助电子出版商将原告的文章收录于数据库中的行为构成对原告版权的侵犯；（3）上述侵权者应当就其各自的侵权行为承担法律责任，但是最高院将救济措施交由最初受理的联邦地方法院来决定。

我们同意第二巡回区法院的观点，我们认为第 201 条第（C）款并没有批准本案中的复制情况。依据该规定，版权法在授予集体作品版权所有人复制和发行投稿作品的特权的同时，附加了两个限制性条件：其一，在权利内容上只限于复制和发行；其二，在复制和发行时只能将投稿作品作为三类集体作品的一部分使用。这三类集体作品是：（1）原先的集体作品；（2）原先集体作品的修订版；（3）与原先集体作品同序列的后续版本。因为数据库是独立地复制和发行每篇文章，并没有包括文章的上下文，因此不是作者供稿的“原先的集体作品”，也不是“原先集体作品的修订版”，也不是“与原先集体作品同序列的后续版本”，因此发行商不受第 201 条第（C）款的保护。我们判定，期刊发行商和电子发行商均侵害了自由撰稿人的版权。

I

地区法院做出了支持发行商的简易判决，认为第 201 条第（C）款保护了数据库的复制行为。法庭认为第 201 条第（C）款赋予的特权是可以转让的，因此原期刊发行商可以将其特权转让给电子发行商。法院还认定数据库的复制和发行行为，依据第 201 条第（C）款是在“复制和发行集体作品修订本”，该集体作品指作者最初供稿的期刊。根据法院观点，要满足“修订本”这个概念，作品仅需“保留（集体作品）中重要的原创因素——不管是最初选择的文章还是最初的编排”。依据地区法院的观点，本案中数据库的行为满足了这个标准，因为数据库通过复制期刊（日刊或者周刊）原载的所有文章保存了期刊发行商“选择的文章”。法院认为，数据库在文章中不仅显示作者和期刊名，还显示期刊的特定刊号和页码数字，强调了文章与期刊之间的联系。

作者提出了上诉，第二巡回区法院推翻了原判。上诉法庭作出了支持作者的简易判决，理由如下：数据库不属于第 201 条第（C）款所称的集体作品，更明确地说，数据库不是文章原载期刊的修订本。依据第 201 条第（C）款，即使发行商提出要单独出售某特定期刊中的所有其他文章，发行商也不能将该文章的复制件直接出售给大众。第 201 条第（C）款也不允许发行商通过电脑数据库“间接达到同样的目的”。依据第二巡回区法院的观点，数据库通过提供大量的“可独立获得”的文章有效地达到了这种目的。如上诉法庭所述，数据库完全可以被认为包含了“无数版本和刊物的新选编”，但它们并不能被称作是数据库中特定期刊版本的“修订本”。由于法院认定第 201 条（C）款“不允许发行商”在不经作者同意的情况下“许可电子数据库使用单篇的受版权保护的文章”，所以法院并没有涉及第201条第（C）款中的特权是否可以转让的问题。

为了确定数据库复制作者文章是否属于第201条第（C）款规定的特权范围，最高法院特发出了诉讼文件移送命令。我们的观点与上诉法庭的观点相同，都认为第201条第（C）款规定的特权并非无视作者的版权，因为数据库并不是将文章作为第201条第（C）款特权保护的集体作品来进行复制和发行的。因此，与上诉法庭观点相同，我们认为没有必要确定特权是否可以转让。

II

依据1976年修订的《版权法》，“对于固定于任何有形的表现媒介中的作者的独创作品予以版权保护……通过这种媒介，作品可以被感知、复制或以其他方式传播”。如本案情况，当一个自由作者向诸如报纸或杂志的“集体作品”供稿时（见第101条对“集体作品”的定义），法律认可两种不同的受版权保护的作品：“集体作品中各稿件的版权不同于集体作品整体上设定的版权……”各个稿件上的版权“最初是赋予稿件作者的”，本案中即自由撰稿者。集体作品的版权是赋予集体作者的（本案中即报刊或杂志的发行商），并且版权对象仅仅针对该作者贡献的创造性内容部分，不包括“集体作品中运用的先前已经存在的内容”。“编辑”作品（包括集体作品）的版权局限于编辑者原创的“选材、协调和安排”。

如下级法院认为的一样，在1976年修订之前的版权法下，作者将作品置于集体作品中会承受丧失作品上权利的风险。根据1976年修订前的版权法，对于公开发表的文章，只有当在文章作者名字上印有版权标记的时候才认可自由作者的版权。当发行商行使他们优越的谈判权拒绝在供稿人的名字上加注版权标记的时候，作者的版权就很危险了。作者不能选择仅仅转让在期刊中出版的权利。因为根据当时的版权“不可分割”主义，这样的部分转让是不允许的，除非作者将其版权整个转让给发行商。这种完全转移可以通过合同实现，合同可以规定发行商在今后的一定时期将权利转回给作者。但是这种合同方式几乎很难做到。在没有具体合同也没有署作者姓名的版权声明的情况下，法院可能认定作者实质上已经将所有版权转让了发行商，而发行商作为受托人则为了作者的利益拥有版权。否则的话，作者的作品就会进入公众领域。

1976 年版权法修订本中，国会对“稿件权利上存在的复杂和不公平的法律情况进行了澄清和改善”。1976 年法案反对版权“不可分割主义”，将版权视为多个“排他性权利”的组合，每项权利都“可以被独立转让和拥有”。国会认为，如第 404 条第（a）款中的规定，“一个适用于集体作品整体的版权标记”就足以“保护自由作者可分割使用的作品的版权”和“集体作品上的版权”。即使稿件中作者名字上没有版权标记，作者也没有将版权完全转让给集体作品所有人。

III

本案中，作者写了几篇稿件并允许期刊发行商在相关报纸和杂志上出版其文章。毫无疑问，作者享有这些文章的版权和排他性权利。但很明显，期刊和电子发行商至少行使了一些最初赋予作者的排他性权利：LEXIS/NEXIS 的中央磁盘和 UMI 的 CD-ROMs“复制”了文章；UMI 通过出售 CD-ROMs，LEXIS/NEXIS 通过 NEXIS 数据库出售文章复制件，这都构成“通过销售向公众发行了文章复制件”；期刊发行商则通过签订合同许可数据库复制文章“授权”了对文章的复制和发行。

针对作者提出的版权侵害，期刊发行商并没有主张作者与其签订了协议，授权其复制本案争议的文章。他们也没有主张数据库中的复制件是对作者文章的“合理使用”。期刊发行商完全依赖第 201 条第（C）款中所述的特权。期刊发行商也认为文章原载的各个不同版本的期刊都是“集体作品”，但他们主张数据库复制和发行每篇文章属于“复制和发行集体作品修订本的特权”。我们不认可期刊发行商对第 201 条第（C）款的扩大性解释，因为这将消灭作者对文章享有的排他性权利。

依据《版权法》第 201 条第（C）款的规定，《版权法》在授予集合作品版权所有人复制和发行投稿作品的特权的同时，附加了两个限制性条件：其一，在权利内容上只限于复制和发行；其二，在复制和发行时只能将投稿作品作为三类集合作品的一部分使用。这三类集合作品是：（1）原先的集合作品；（2）原先集合作品的修订版；（3）与原先集合作品同序列的后续版本。按照国会的解释，“出版商能够在后期的杂志中复制前期杂志中的作者投稿，能够在 1990 年的版本中复制 1980 年版本中的文章，但是出版商无权自行修改文章或者将其编入新的文集或者其他完全不同的杂志或者其他的集合作品”。国会同时还认为，“如果允许报纸和杂志的出版商独立地复制和发行作者享有版权的投稿作品，那么很难认为作者的版权得到了保障”。

为了确定文章是否是作为集体作品的“修订”，我们主要考察呈现在数据库用户面前的文章。本案中，三个数据库呈现给用户的文章都不带有文章原载期刊或者期刊修订本中的上下文。数据库首先提示用户在内容概览中搜索：数以万计的包含成千上万集体作品中独立文章的栏目，这些集体作品或是一个系列，或者是多个系列。当用户进行搜索时，每个文章在搜索结果中是独立出现的。在 NEXIS 和 NYTO 中，呈现给用户的文章不带有平面设计、排版，也没有该文章原载刊物上同时发表的其他文章。在 GPO 中，搜索结果包含了文章原载刊物在文章所在页数范围内的其他内容，但是没有文章所在页数之外的内容。无论在哪种情况下，数据库都不是在复制和发行作为集体作品原版或修订本整体的稿件。

这些文章可被看作是新作品中的部分——即数据库作品这个整体的一部分。一个刊物的一个版本仅仅是无限扩大的数据库的一个微小部分。数据库这个庞大的整体不能被看作是其每个小部分的新版本。数据库不可能是其各组成期刊的修订本，就像一个400页的引用了一首诗的小说不可能是那首诗的“修订本”一样。“修订本”表示一个新“版本”，而一个版本是指“一个被其创造者或者其他人认为是一部作品的具有独特形式的东西”。一个巨大的数据库不会被认为是其每个小部分的新版本。

这些文章可以不被看作是其他大作品的组成部分，而仅仅作为单独的文章独立出现。每篇文章带有其所载期刊的标记只表明这篇文章先前是该期刊的一部分，但这并不意味着现在对它们的复制和发行是作为原期刊的一部分来使用的。因此，数据库复制和发行单独的每篇文章会侵害作者排他性使用权的核心。

印刷品发行商将数据库和微缩电影及微缩图片作了类比，本法院认为这是缺乏依据的。微缩呈像通过微缩胶片包含了连续不断的以图片形式复制的期刊。相应的，微缩呈像中呈现的文章很小，而且其所在位置完全是其在报纸中所在的位置。虽然微缩胶卷包含了不同版本，使用者可以通过调整机器镜头排除周围的内容而仅阅览其中某一篇文章，但用户首先接触到文章时，文章是处于上下文之中的。而在数据库中，文章与原载刊物中的上下文是没有联系的。总而言之，数据库和缩微复制品最大的区别就在于，数据库中的文章不是以原集合作品的一部分提供给使用者的。

期刊发行商援用“介质中立”的概念，主张“在不同介质之间转让作品”并没有“改变”版权保护的作品的特质，这是正确的。但与将纸面内容转化为微缩影片不同，将文章纳入数据库并不是将整个期刊从一种介质转化到另一种介质。数据库向用户提供的是单独的文章，不是整个期刊。本案中，“介质中立”应当保护作者对于文章的权利，这些文章在数据库这个新介质中单独出现，脱离了集体作品中的上下文。

为了确定作者的版权是否受到了侵害，我们打一个“超现实图书馆”的比方加以说明。这个图书馆不保存期刊的完整版本，而是保存各个文章的复制件。也许这些复制件完全是文章原载期刊相关页数的翻版（例如 GPO）；也许复制件只是打印版的字符，但仍然指明了原载期刊的名称和日期以及文章的标题和页码（例如 NEXIS 或 NYTO）。图书馆会把装有这些文章的文件夹放入一个档案室，备有按不同类型的索引，包含大量期刊中的文章。经用户请求之后，一个图书管理员将飞速的在这个档案室中搜索，提供符合关键词的文章的复制件。

看了这个奇怪的图书馆，按照英语的通常用法，我们不可能将文章定义为文章原载期刊“修订本”的“稿件”。从实质上看，数据库与档案室的区别仅仅在于前者将文章储存在电子包里（LEXIS/NEXIS 的中央磁盘或者 UMI 的 CD-ROMs），而档案室将文章储存在不同的文件夹中。关键在于数据库，如同假象中的图书馆，将文章储存在大量的文本中，并从中搜索。这样一个储存搜索系统实际上侵害了作者控制文章复制和发行的排他性权利。

期刊发行商主张受第 201 条第（C）款的保护，其理由是用户可以通过操控数据库搜索到某版期刊中的所有文章。按这个逻辑，如果假想图书馆的职员能够根据用户要求将某版期刊的文章搜集全，那么该图书馆就受到第 201 条第（C）款的保护。但是，第三方操纵数据库获得非侵害版权的文件并不表示数据库没有侵害版权。依据第 201 条第（C）款，关键问题不是在用户是否可以从数据库中搜集足够的文章从而形成集体作品的修订本，而是数据库本身是否将作者文章以集体作品修订本中稿件的形式呈现给用户。本案所涉数据库均没有达到这个结果。

IV

发行商认为如果判决支持作者将会带来“不堪设想”的后果。发行商认为，数据库为查阅前几十年的报纸提供了简便的方法。如果判决支持作者，将造成电子纪录史上的缺陷。然而，尽管有些可怕的预测，但本案的判决不会出现这些预测的情况，本案只是禁止将某些文章纳入本案所涉数据库中，而不是禁止将所有自由作者的文章纳入任何数据库中。

当事方（作者和发行商）可以达成协议，允许后者持续以电子版方式复制前者的作品；如果有必要，法院和国会可以起草不同的方案调整受版权保护作品的发行并对作者进行补偿。不管在什么情况下，对于未来损害的考虑都不会让法院减弱国会通过第201条第（C）款赋予作者的权利。我们同意上诉法院的意见，发行商应当承担版权侵害的责任，具体救济事宜留待地区法院考察。

我们认定，电子发行商以未经作者授权和不受第201条第（C）款中特权保护的方式复制和发行文章，侵害了文章作者的版权。我们还认定，期刊发行商由于授权并协助电子发行商将文章纳入数据库，侵害了作者的版权。因此，我们维持上诉法庭的判决。

评论：

技术的进步会给版权法提出新的挑战，同时也将会直接带动版权法的发展。数字技术对作品传播带来了革命性变化，传播的信息量大并且保真性极强。数字技术的兴起还催生了数据库产业，形成了新的商业模式。将原先刊载在报纸杂志上的文章资料数字化并配以适当的搜索引擎，向公众提供检索、浏览、打印和下载的服务。由于其海量的信息和方便快捷的速度，这种商业模式也越来越受到社会的承认。网络数据库、光盘数据库的概念也正在为社会大众所熟知。由此提出的问题就是，作品的数字化利用应当进行怎样的法律规制？具体到报纸杂志等期刊来说，网络版的期刊或者将投稿作品收录于电子数据库是否构成对原作品的侵权？

投稿作品的数字化方式可以分为两类：其一是原期刊的整体上网，即各传统媒体纷纷推出的网络版；这只需要把将复制和发行的概念扩大到数字环境即可。其二是将原投稿作品编入特定的数据库中，本案解决的正是这类情况。本案的核心问题在于数据库公司对发表于期刊上的文章制作数据库是否构成对作者著作权的侵犯。美国最高法院最终认定被告行为侵权，认为，这些数据库如果符合作品成立的条件应当被视为新的汇编作品。电子数据库未经投稿作者允许对期刊上投稿作品的收录行为是一种侵犯了投稿作者汇编权的行为。

第三节 公开传播权

Columbia Pictures Industries, Inc. v. Redd Horne, Inc.
749 F. 2d 154 (1984)
美国第三巡回法院

案由:

Maxwell's Video Showcase, Ltd. 在 Pennsylvania 的 Erie 经营了两家店。这两家店内，Maxwell's 出售、租赁录像机和已录制好的录影带，并出售空白录像带。被告认为原告“陈列展览”或者“店内租赁”电影的行为侵害了其版权。Maxwell's 的每家店在店面前部都有一个小的演播室，店面后面有一个演播小厅或者陈列区域。店面前部有电视设备和供出售或租赁的东西，还有爆米花和碳酸饮料的售卖机。店面前部还有电影广告。在后面的“演播箱”区域，顾客可以在能够容纳 2 到 4 人的私人小空间中观看任何录像带。这两个店中总共有 85 个小间。这些小间或房间约 4 乘 6 英尺大，地上铺了地毯，墙上贴了墙纸。房间前部有一个 19 英寸的彩色电视机，后部有一个软座沙发。如果顾客想在演播室中观看影片，其程序在两家店中都是一样的。首先，顾客从目录中选出影片，该目录包含店内可观看的所有电影。Maxwell's 收费是基于演播室中的人数和时间段。下午 6 点之前无论一个还是两个人都只收 5 美元，6 点之后两个人共 6 美元。不管在什么时候，对于第三和第四个人都只收取每人 1 美元。这些费用还包括顾客在进入指定房间前享用爆米花和软包装饮料的服务。关上演播室的门时，店内前部柜台区域就会亮起指示灯，于是 Maxwell's 的员工就会将顾客选择的电影录像带放入店内前部的录像机中，画面则传到顾客的演播室中。顾客可以调整房间的光线，还有电视机音量、亮度以及色彩对比度。各个房间只能由团体进行租用。虽然在团体成员的组成上没有限制，但彼此不认识的人也不会为了租用某个房间而组成团体。Maxwell's 向社会上所有希望使用其设备或享受其服务的人开放。Maxwell's 在 Erie 广播电台和当地报纸的剧院版上都作了广告。Maxwell's 的广告具有代表性的特点是：每幅广告都重点介绍一到两部电影，强调 Maxwell's 拥有大量电影，价格低，还提供茶点。广告并没有说这些电影都是录像带复制件。在 Maxwell's 两个店的门口，也有每部电影的广告，类似于电影海报。

法院意见:

地区法院准予了原告要求简易判决的动议，禁止被告展播原告享有版权的电影，驳回了被告反垄断的主张，也不支持被告要求的金额为＄44 750的赔偿。上诉法院则认为:（1）被告在私人房屋内有偿展播原告电影录像带的行为构成了公开演出，是侵害版权的行为；（2）其他被告的行为足以认定其为共同侵权者；（3）原告努力主张其电影的版权并没有违反反垄断法；（4）由于原告并未意图将任何产品与电影录像带搭配销售，本案只有一种产品，故主张违法搭配销售安排是没有依据的。

当立法机关认定技术革新使得有必要形成新的版权法原则时，这项工作应由国会而不是法院来做。被告不能仅仅因为某技术刚刚出现或者被用于创新性用途就免除其侵害版权的责任。原告出售其享有版权的电影的录影带复制件并不产生放弃版权法列举的其他排他性权利的结果，例如公开演出其电影的排他性权利。由于版权法规定的排他性权利是独立不同的，而且可以相互分开，许可某人一项权利不代表放弃了其他任何排他性权利。被告在私人房屋内有偿展播原告电影录像带的行为构成了公开演出，是侵害版权的行为。首次销售原则使得版权所有人在其作品复制件的所有权转让以后，无法再干涉该复制件的进一步转让。原告将其电影的录像带转让给被告并不产生丧失或者放弃版权法赋予版权所有人的排他性权利的结果；原告公开演出其受版权保护作品的排他性权利并没有受到影响。某人明知侵权行为的存在，仍然诱导、引起他人的侵权行为或者实质上为该行为做出贡献，那么该人应当被认定为辅助侵权人。对于在明知情况下参与版权侵害的公司职员或者主管，可以追究他们的个人责任，也可与公司被告承担连带或者按份连带的责任。

如果个人进行了一定行为，给人的印象是他是此事件的主要负责人，且有意识地在很大程度上参与了版权侵害活动，并且无视原告停止其行为的要求，那么该个人的参与足以使其承担共同侵害原告电影版权的责任。如果公司为侵权的被告进行了广告和促销工作，还提供了进行版权侵害所需的融资、会计和管理服务，那么公司有意识地在很大程度上参与版权侵害的行为，足以使其承担共同侵害原告电影版权的责任。

被告即上诉人在上诉中提出了三个问题：（1）被告Maxwell's Video Showcase, Ltd.，（以下简称Maxwell's）的行为是否构成侵害原告版权，如果成立，则原告可以享受制令和损害赔偿的救济；（2）如果成立，那么其他被告（Robert Zeny，Maxwell’s 的董事长和独股股东，Redd Horne，Inc.，Maxwell’s 广告和公共关系公司，Glenn W. Zeny，Redd Horne，Inc. 的董事长以及 Robert Zeny 的兄弟）的行为是否足以使其与 Maxwell’s 成为共同侵权者；（3）地区法院驳回被告反垄断的反诉主张，是否合适。我们同意地区法院意见，维持原判。

在陈述本法院意见之初，我们应该明确，本案并不涉及未经授权翻录磁带或者录像带盗版，被告是通过向原告或其授权经营者购买获得原告享有版权电影的录像带的。本案也不涉及出售或者租赁这些录像带给个人以供家庭使用问题。原告并未主张在家庭内使用录像带侵害了其版权。

原告主张被告在其营业场所的私人空间中陈列或者播放这些录像带构成了未经授权的公开演出，侵犯了联邦版权法赋予原告的排他性权利。众所周知，当立法机关认定技术革新使得有必要形成新的版权法原则时，这项工作是由国会而不是法院来做。用 Stevens 法官的话来说，“国会拥有宪法赋予的权限和制度上的能力，能够充分协调由于采用新技术引起的利益竞争中不可避免的各种变化”，但被告不能仅仅因为某技术刚刚出现或者被用于创新性用途就免除其侵害版权的责任。虽然本案涉及相对新近技术发展的创新型应用，但还是要在现有法律框架下分析和解决这个问题。

《版权法》第 106 条赋予了版权所有人一些排他性权利。该条款规定：除第 107 条至 118 条另有规定外，版权所有者依据本法享有从事和授权从事以下任何一项行为的专有权利：（1）使用版权作品制作复制品或录音制品；（2）根据版权作品制作演绎作品；（3）以销售或其他转让所有权的方式，或者以出租、租赁或出借的方式向公众发行有版权作品的复制品或录音制品；（4）涉及文学、音乐、戏剧、舞蹈作品、哑剧和电影作品以及其他音像作品时，公开表演该版权作品；（5）涉及文学、音乐、戏剧、舞蹈作品、哑剧及绘画、图形或雕塑作品时，包括电影或其他音像作品的单个图像，公开展出该版权作品。

对于被告有权行使发行权的事实，双方没有争议。但版权所有人在处理其作品的复制件时，可以保留版权中没有随着复制件的处理而被明示或者暗示处理的全部权利。因此，很明显，本案原告仍然享有法律赋予的权利中的其他四项利益。由于版权法规定的排他性权利是独立、不同的，且可以相互分开，因此许可某人一项权利不代表放弃了其他任何排他性权利。通过以上分析，原告出售其版权电影的录影带并不表示放弃了《版权法》第106条赋予的其他排他性权利，例如公开演出其电影的排他性权利。因此，本案关键问题在于被告的行为是否构成了公开演出原告电影。地区法院认为：这些行为构成了公开演出，侵害了原告版权。我们同意地区法院的结论。

对于电影和其他音像作品，表演意味着将其图像按顺序进行展示或者使伴随的声音能够被听见。显然，播放录像带将导致电影图像连续性展示，使电影的伴音能够被大家听见。因此，依据第101条，Maxwell's的行为构成表演。

剩下的问题是这些表演是否是公开的。《版权法》第101条规定，"公开"表演一部作品意味着"演出或展出作品的地点是向公众开放的地点，或聚集超出一个家庭及其社交关系正常范围的相当数量的人的任何地点"。这个法条是分两段写的，因此有两类地方都满足"公开演出作品"的定义。第一类不证自明，即"向公众开放的地点"。第二类，经常被称为半公共场所，是由场地大小和观众的组成来判定的。立法背景显示，第二类地点被加入法条中是为了扩大公开演出的概念，这类地点指那些虽然不向所有公众开放，但可以被一定数量的人利用的地方。显然，如果一个地方是公开的，那么场地大小和观众的组成就是不相关的。但是，如果一个地方不是公开的，那么场地大小和观众组成就起决定性的作用。我们认为本案中没有必要讨论对第二种地点的法律定义，因为我们同意地区法院的结论：Maxwell's是向公众开放的。在观众组成方面，地区法院说道"演播箱操作与传统影院中播放电影的方式没有任何重大不同"。社会上任何人在付费之后都可以观看电影。Maxwell's所提供的服务实质上与电影院是相同的，只不过加上了一点"私人"的特征。本案中，《版权法》第101条所说的"地点"指Maxwell's的两家店，而不是每家店内的各个独立的空间或房间。

"公开演出"的第二项定义充分支持了"Maxwell's的行为构成公开演出"的结论。该项规定：利用任何装置或方法向以上第（1）项规定的一个地点或向公众播送或用其他方式播送作品的演出或展出，不论能够收听收看该演出或展出的公众是否在同一地点收听收看以及是否在同一时间收听收看该作品的演出或展出。如同伴随版权法1976年修订版的立法报告中所述，"在向公众播放表演时，即使观众没有集中在一个地方，也构成向'公众'播放……当播送的潜在观众只是公众一个很小的部分时，例如是旅馆房间中的住客，也适用同样的原则……"。因此，向公众播送演出，即使是对在旅馆房间或者 Maxwell's 的看片室这样的私人空间中的大众播送，也构成公开演出。如同法律规定和立法历史所表明的，公众不在同一时间观看表演并不会改变上述法律结果。

Nimmer 教授对“公开演出”定义的认识与本案极其相关：“如果一部作品的同一复制件被公众中不同成员反复播放（即表演），即使不在同一时间播放，也构成‘公开’表演”。Nimmer 教授在写如下这段话时似乎就是在写 Maxwell's 的情况。

人们可能希望剧院为顾客提供单独的观看房间，这样能够拥有更大的私人空间，也不必等到固定的某一时间才能观看某部电影。依版权法，这种方式明显也应该被视为的公开演出。虽然对于每部电影 Maxwell's 只拥有一个复制件，但 Maxwell's 重复地向不同的公众成员播放该复制件，其行为构成了公开演出。

首次销售原则

被告还主张，其行为受到首次销售原则的保护。该原则在《版权法》第 109 条第（a）款中有规定。该部分规定：尽管有第 106 条第（3）项的规定，依据本法合法制作的特定的复制品或录音制品的所有人，或者经该所有者授权的任何人，无须经版权所有者的许可，仍然有权出售或以其他方式处置该复制件或录音制品的占有权。

《版权法》第 109 条第（a）款是对以下原则的一个延伸：对于某物享有所有权与享有版权是不同的。首次销售原则禁止版权所有人在其作品复制件的所有权转让以后再干涉该复制件的进一步转让。原告将录像带转让给被告并不产生丧失或者放弃《版权法》第 106 条规定的所有排他性权利的后果。版权所有人“公开演出有版权保护作品”的排他性权利并没有受到影响，只是对于被转让复制件的发行权受到了限制。

从根本上说，被告“首次销售”的主张仅仅是其另一主张的一方面，该另一主张即被告认为其行为不构成公开演出。被告的主张要成立，就必须将其“演播箱”交易或者行为定性为“店内租赁”。但我们无法从事实中得出这样的结论。证据显示 Maxwell's 店内陈列录像带与租赁磁带供家庭使用有极大的不同。Maxwell's 从未在其橱窗中陈列过磁带，这些磁带也没有离开过店面。Maxwell's 一直都占有和控制着这些磁带。其员工实际上是在 Maxwell's 自己的机器上播放录像带。在 Maxwell's 的营业场所中观看录像带而支付的费用与进入公共剧院而支付的费用没有实质上的区别。很显然，在 Maxwell's 的操作中，上诉人并没有出售、租赁或者处理这些录像带。根据现有事实，Maxwell's 的操作构成公开演出，在法律上构成了对原告版权的侵害。

共同被告的责任

被告兼上诉人，Robert Zeny、Glenn W. Zeny、和 Redd Horne，Inc. 不服地区法院认定其为共同侵权者的判决，提出上诉。我们同意地区法院的意见，维持原判。

“某人明知侵权行为的存在，仍然诱导、引起他人的侵权行为或者实质上为该行为做出贡献，那么该人应当被认定为辅助侵权人。”在明知情况下参与版权侵害的公司职员或者主管，可以追究他们的个人责任，也可与公司被告承担连带或者按份连带的责任。Robert Zeny 是 Maxwell's Video Showcase，Ltd. 的董事长和唯一股东。他在明知的情况下发起并参与侵权活动，无视原告再三要求其停止侵权行为。因此，很明显他应当承担共同侵权者的责任。Glenn W. Zeny 即 Robert 的兄弟不是 Maxwell's Video Showcase，Ltd. 的股东或者职员，在该公司中也没有直接的经济利益，但是他代表 Maxwell's 及其前身与 Redd Horne，Inc. 进行了谈判和纸面信件往来。在给 Redd Horne，Inc. 的一些纸面信件中，Glenn W. Zeny 用了“我们公司”和“我们的理念”等词，但没有提到 Maxwell's。这些信件给人的感觉就是 Glenn Zeny 和 Redd Horne，Inc. 是本案侵权事件的主要责任人。与其兄弟一样，Glenn W. Zeny 在明知的情况下大量参与侵权活动并无视原告再三要求其停止活动。Redd Horne，Inc. 为 Maxwell's 进行了所有的广告和促销工作，并且为 Maxwell's 提供融资、会计和管理服务。所有这些服务，特别是广告服务，对版权侵犯起到了辅助作用，这些服务对其侵犯版权都是很关键的。而且，Glenn W. Zeny 在明知情况下极大程度上参与版权侵害的行为可以归咎于其雇主——Redd Horne，Inc.。因此，我们认为：Glenn W. Zeny 和 Redd Horne，Inc. 由于在明知情况下大量参与版权侵犯活动，足以使其承担共同侵权者的责任。

评论：

版权所有人的一项重要权利就是“公开传播权”，包括公开表演、放映、广播、信息网络传播和展览权。这是各国版权法普遍承认版权所有人享有的重要权利。一般认为，所谓公众指不特定人或特定之多数人，但家庭及其正常社交之多数人，不在此限。本案中，法官指出，表演一部作品意味着“演出或展出作品的地点是向公众开放的地点，或聚集超出一个家庭及其社交关系正常范围的相当数量的人的任何地点”。如果一个地方是公开的，那么场地大小和观众的组成就是不相关的。但是，如果一个地方不是公开的，那么场地大小和观众组成就起决定性的作用。

第五章

侵权和救济

第一节　直接侵权

Selle v. Gibb
741 F.2d 896 (1984)
美国联邦第七巡回法院

案由:

原告 Selle 对被告 Gibb 三兄弟提起诉讼。他们以流行乐队 The Bee Gees 闻名。原告诉称 The Bee Gees 一首成功的歌曲 How deep is your love 侵犯了原告歌曲 Let it End 的版权。陪审团在责任问题上作出了有利于原告的裁定。地区法院法官利顿同意被告请求法院作出否定裁决的动议。我们维持初审法院同意被告动议的决定。

法院意见:

I

1975 年秋天 Selle 创作了歌曲 Let it End 并在 1975 年 11 月 17 日取得了这首歌的版权。他曾在芝加哥地区和他的小乐队一起表演过这首歌两三次，还向十一个唱片出版公司寄过磁带和这首歌的曲谱。八个公司把材料退给了 Selle，还有三个没有任何回音。这就是 Selle 这首歌曲的公开传播程度。Selle 第一次知道 The Bee Gees 的歌 "How deep is your love" 是在 1978 年 5 月，他认为曲子是他创作的，尽管歌词不同。他还去看了电影 "Saturday Night Fever"，这部电影的配乐就是 "How deep is your love" 这首歌，他再一次听辨出曲子。接着他便起诉了 Gibb 三兄弟、派拉蒙电影公司和留声唱片公司（也就是现在的宝丽金公司），该公司制作了“How deep is your love”的磁带。

The Bee Gees 是知名的表演家，创作了超过 160 首歌曲。除了他们自己的证词外，The Bee Gees 还向法庭出示了来自于他们经理和两个音乐家的证词。这些证词详细描述了 1977 年 1 月，The Bee Gees 和其他几个工作人员前往录音棚。在那里该乐队创作了至少六首新歌并出了新专辑。证词还详细解释了一个工作母带。该带子保存了被告的这首曲子的创作过程。其中三兄弟特别是巴里创作了这首曲子的曲调，键盘手将该曲调弹奏出来。尽管该母带没有保存创作的开始阶段，但它的确描述了将主题、旋律、曲调还有节奏逐步组合到一起的创作过程。在工作带完成后，样带被制作出来。1977 年 3 月 7 日，“How deep is your love”的散页乐谱申请版权保护，在 1977 年 11 月，该曲的钢琴版在版权局备案。

初审中的唯一专家证人是艾兰德帕森，他是西北大学的音乐教授，在古典乐领域有丰富的经验。但在本案之前，他从来没有对两首流行歌曲进行过比较分析。帕森博士在比较了录音带和每首歌的乐曲的基础上作证。根据其证词，每首曲子的前八小节（主题 A）中原告曲子 34 个音符中的 24 个和被告曲子 40 个音符中的 24 个音符和对称的音阶相同。主题 A 和主题 B 的出现顺序是相同的，只不过插曲不同。按帕森博士意见，他作证说，“两首歌曲具有如此显著的相似性以至于它们不可能都是独立创作出来的。”他还作证说他从来没有见过由不同作曲家创作的两首歌曲中会像这两首一样“有如此多显著的相似之处”，但他几次拒绝宣称即这种相似性只可能是抄袭造成的。

在听取案情介绍后，陪审团在责任问题上作出了有利于原告的裁定。法官利顿同意了被告请求法院作出否定裁决的动议，或者作为替代选择的重新审理动议。法官主要依据的是原告没能证明被告有机会获取原告的歌曲。如果没有机会获取原告的作品，那么即使两首曲子如何相似，版权侵权的诉讼都不可能获得法院的支持。而且，原告也没能成功反驳被告和其证人的证明“How deep is your love”独立创作过程的证词。最后，利顿法官总结道，“原告所依据的推论不是一个根据显著相似性或实质性相似的证据推理出来的合乎逻辑的推论；它与无争议的事实相冲突，也和证明被告没有渠道接触到原告作品的证据不一致”。

II

我们有责任决定是否存在足够的证据来支持未提出动议的一方（在

本案中即为原告)。提出否决裁定的动议和要求直接裁决动议的适用标准是一样的，必须以最利于未提出动议方的角度来整体衡量所有的证据。

III

Selle 的主要论点是地区法院错误理解了其主张所依据的版权侵权的证据理论。在这种理论下，即便缺乏直接证据来证明存在获取作品的途径，争议的两首歌曲是如此的相似以至于可以仅从相似性中就能证明这种途径的存在，从而证明存在版权侵权。Selle 主张其专家证人帕森博士的证言就是如此显著的相似性的充分证据，这足以让陪审团推论出 The Bee Gees 有机会获取到原告的歌曲并复制，即便不存在和这种获取途径有关的证据。

要确立对一个歌曲的版权侵权的主张，原告必须证明（1）自己对申诉的作品享有版权；（2）作品的原创性；（3）被告复制了该作品；（4）两个作品之间存在实质性相似。在该上诉案件中双方争议的焦点集中于如何证明存在复制行为，而第四个因素（实质性相似）根据原告的理论是和第三个因素紧密相连的。

证明存在复制行为对于任何的版权侵权诉讼都是必不可少的，因为不管两个作品是如何的相似，如果被告没有复制涉讼的作品，那么就不存在侵权。然而由于证明复制行为的直接证据十分难获得，原告可依赖于间接证据来证明这个关键要素，而间接证据中最重要的成分是证明存在获得作品的途径。原告可以直接证明存在获得作品的途径，比如该作品曾被直接寄给过被告或被告周围的同事。原告也可以证明存在获取作品的合理可能，比如该涉讼的作品曾向公众广为散布。

如果原告没有证明存在获取作品途径的直接证据，那么他还可以通过两个作品存在相似性的旁证来推论出存在这种途径，但两个作品必须如此的相似以至于排除了独立创作、巧合或者先前的共有资源等种种可能性。如果原告提出的显著相似性的证据足以使存在获取作品途径的推论成立，那么也就同时推定地证明了存在复制行为。Selle 试图运用的理论是两个作品的显著相似性是存在获取作品途径的间接证据，而证明存在获取作品的途径也就证明了复制行为。

原告理论中的一个难点就在于无论两个作品是如何的相似，其本身的相似性不足以证明存在获取作品的途径；要根据作品的性质、作品所包含的特定音乐流派以及其他存在获取作品途径的间接证据，作品的相似性才有助于证明这种途径的存在。换句话说，显著相似性只不过是所有间接证据中的一种，因而不能被孤立地而必须和其他与获取作品途径相关的证据一起被考察。

作为一个门槛问题，必须有证据能够证明被声称侵权者有可能得到该申诉方的作品。比如，两个作品在细节方面都是相同的，但如果被声称侵权者独立创作了作品或者两个作品都是从公共领域的共有资源上复制得来的，那么就不存在侵权。因此，如果原告承认他把作品保密，那么就一般逻辑而言也不可能通过显著相似性来推断存在获取作品的途径。因此，尽管经常说显著相似性就能证明存在获取作品的途径，但本案显示这种情况是最特殊的一种情况。原告必须出示足够的证据来证明途径的存在具有合理的可能性，因为陪审团不能仅仅依据臆测和猜想就推断出存在获取作品的途径。

在 *Twentieth Century-Fox Film Corp. v. Dieckhaus*, 153 F. 2d 893 (8th Cir., 1946) 一案中，法院推翻了仅仅依据原告著作和被告影片之间的相似性的版权侵权判决。法院认为原告没能出示证据来证明被告有途径获得原告的作品，原告只将书稿的复本交给过一些人，但他们作证没有把复本给被告。而且法院还认定著作和影片之间的相似性还没有达到实质相似的程度，因此“书面和口头证据证明被告没有获得原告著作的机会”。因此，尽管显著相似性的证据可以推断出获取作品途径的存在，原告还必须引入一些最基本的证据来证明这种推断是合理的。

本案中最大的难点在于，尽管原告不能将该申诉的作品和被告直接联系起来，但该作品已经被如此的广为传播，因此推断被告可能有途径获得该作品并非不合理。在 *Cholvin v. B. & F. Music Co.*, 253 F. 2d 102 (7th Cir. 1958) 案中，原告的作品以散页乐谱和唱片的形式被传播，共有两千份散页乐谱的复本还有 200 000 张唱片被销售。而且作品还在几次全国性广播中被表演。法院判决根据这些间接证据加上这几首曲子的相似性能够合理推断存在侵权。然而，在 *Jewel Music Publishing Co. v. Leo Feist, Inc.*, 62 F. Supp. 596 598 (S. D. N. Y. 1945) 一案中，尽管近 10 000 份涉讼乐曲的拷贝被发售，而且该乐曲还在全国性广播播出。法院仍然认定这还不足以合理推断出获得作品途径的存在。

本案中获取原告作品途径的可能性和 Dieckhaus 案并无太大差异。双方都没有得到来自收到原告歌曲拷贝的唱片公司雇员的证词。这样的证据反驳了获取原告作品途径的存在。另一方面 Selle 的歌曲又不像 Cholivin 案或 Jewel Music Publishing Co. 案中那样被广为传播，也没有证据表明当原告公开表演其作品时被告或其同事正好在芝加哥。从本案的事实出发，我们没有必要去决定必须公开发行多少数量拷贝从而能够合理地推断存在获取作品的途径。然而证据表明，Selle 歌曲的可获得性事实上是微不足道的。

同意被告请求法院作出否认裁定的动议时，法官利顿的主要依据是原告没能提供存在获取原告作品途径的证据，他认定推断存在途径不能只依靠猜想、臆测或者仅有的可能性。利顿法官的判决建立在原告没能提供比臆测更多的证据来证明 The Bee Gees 有机会获得其歌曲这一基础之上。被告及其证人提供的关于歌曲创作过程的证言没有被反驳，甚至没人怀疑这些证言的可信度。利顿法官还依据了这样一项原则，在没有受到责问、反驳或和该特定争议的其他证据没有不一致的情况下，可靠证人的关于他们知识范围之内事项的证言不能被否认。利顿法官的结论是被告几乎不可能获得原告的歌曲，因此陪审团缺乏充分依据来合理推断存在获得原告作品的途径。原告没能满足最基本的证据要求来证明存在这种途径的可能性，因此推断存在获得作品的途径是和事实相冲突的。

IV

原告几乎完全依赖于他的专家证人帕森博士的证言，即两个作品事实上是“显著相似的”，然而要用公式来表述“显著相似性”的定义绝非易事。

“显著相似性”不仅仅被用来表示两个作品中相同音符的数量，在比较相似程度时一个重要的因素是被声称是相似部分的独特性。

如果该申诉方的作品包含了对传统韵律结构的背离或者包含了一个错误，而被控告的作品如果重复了这种背离或错误，那么两者之间存在联系的可能性更大。如果相似部分是特别的复杂，那么这种可能性也更大。司法界对“显著相似”的定义是“原告必须证明这种相似性只可能是抄袭的结果而不可能是巧合、独立创作或运用先前的公共资源的结果”。

最后，两者之间的相似性还应该出现在一个足够复杂或独特的上下文中，这样才会让人相信两个作品不是拷贝先前的共有资源或者被告不可能独立创作出该被控告的作品。

如上所说，原告几乎完全依赖其专家证人帕森博士的证言。而被告没有引入任何专家证言，因为他们认为无需反驳帕森的证言。被告称帕森尽管绝对有资格对古典乐理论进行分析，但不意味着他具备同样的资格来比较流行音乐。更重要的是，尽管帕森运用了“显著相似”方法进行分析，但他仅仅指出了独立创作的可能性，并没有说这种相似只可能是复制的结果。为了通过证明“显著相似”来合理推断出存在获取作品的途径，尤其像在本案中直接证明这种途径的证据是如此之少时，原告必须证明双方作品的相似性排除了除复制之外的所有可能会造成这种相似性的解释。

此外，要支持专家的独立创作是不可能的结论，还必须有证据或证词来证明两个乐曲的相对复杂性或独特性。帕森博士的证词却没有涉及乐曲的上述方面，而且在流行音乐领域，歌曲都相对较短而且经常在一个主旋律基础上发展或反复，因此这样的证词尤为必要。

为了更具体地说明专家证词的缺陷，我们参考了录音带和相关记录。该录音带记录有 Selle 和 Gibb 的歌曲中都有的那部分旋律。在同一种乐器上演奏时，这些部分听起来都有相似之处。原告也没有从他的专家证人那里得到有关 Selle 和 Gibb 的这两首曲子和其他曲子的不同之处的证言。这说明原告没能完成在“显著相似”这个争议点上的举证责任——即相似之处能够合理排除除复制之外的可能造成这种相似的所有解释。

原告的专家证人没有提出关于利用先前公共资源的可能性问题。在口头辩论中，原告律师认为利用公共资源的举证责任在被告一方。但证明“显著相似”的举证责任，包括将利用公共资源的可能性减到最低限度，则在原告一方。原告没能证明相似性的必要程度（尽管这种显著不从法律意义上说是成立的），即这种相似性排除了巧合、独立创作或利用公共资源等解释。

原告既没能提供充分证据让陪审团可以合理推断出 The Bee Gees 有机会获取原告的作品，也没能完成两个作品存在“显著相似”的举证责任，因此我们维持地区法院的判决，同意被告要求否定裁定的判决的动议，双方各自承担诉讼费用。

评论：

构成著作权侵权的前提，必须是被告未经授权以复制、发行、表演、改编、展览等方式使用了原告享有著作权的作品，或者说，被控侵权作品复制了或来源于享有著作权的作品。

“接触加实质性相似”是通过多年著作权保护实践总结出来的认定被控侵权作品复制了或来源于享有著作权的作品、被告构成著作权侵权的一个规则，为司法实务所普遍运用。认定被告使用了原告的作品的前提之一，必须是被告作品中有与原告作品相同的内容，被告作品与原告之间存在表达上的相同或者实质性相似。但仅此还是不够的，不能仅依被告作品中有与原告作品相同的内容的事实就认定被告作品来自原告作品。就相同部分，有可能属于创作巧合，也可能均来自公有领域或者第三方。但是，在两者相同、相似的前提下，如果存在着后者曾经接触过前者的事实，就能推定在后的作品来自于在前的作品，即基于被告曾接触原告的作品、而被告作品又与原告作品有实质性相似的事实，可以推定被告复制了原告的作品。

所谓“接触”，不限于以直接证据证明实际阅读，凡依社会通常情况，被告应有“合理之机会”或“合理之可能性”阅读或者听闻使用原告之著作，即足构成接触。

为证明被控侵权作品与原告的作品相同或者实质性相似的主张，原告应提交被控侵权作品；如果原、被告作品篇幅不大、相同或相似之处一目了然，或者原、被告作品完全或基本相同，或者作品属于图案，等等，原告仅需提交原、被告作品即可；如果原、被告作品并非显而易见的相同，比如被告是以改头换面的形式抄袭原告的作品，或者被告仅仅使用了原告作品的一部分，等等，原告除了提交被控侵权作品外，还应指出被告使用其作品的具体出处，即应具体明确指明原、被告作品相同、相似的地方，以使法官、双方当事人明确争议部分，并通过举证、质证、辩论等查明事实，准确认定行为性质。

原告已证明被告曾接触其作品、被告的作品与原告作品实质性相似后，被告否认侵权的，应对其主张举证证明。在司法实践中，被告通常会以以下理由否认侵权：原告不是作品的著作权人；原告主张权利的客体不构成作品；被控侵权作品为其独立创作；原、被告作品相同部分来自公有领域或者第三方，或者属于素材；或者两部作品相同部分属于“必要场景”或表达有限；两部作品相同是执行标准的结果等，对于上述主张，被告均应举证证明。

Steinberg v. Columbia Pictures Industries, Inc.
美国联邦地区法院纽约州南区法院
663 F. Supp. 706 (1987)

案由：

原告 Saul Steinberg 起诉电影《哈得逊湾的莫斯科》（以下简称“莫

斯科"）的制片商、宣传商、发行商及广告商。原告是个艺术家，其声誉部分来自于给纽约人杂志画的漫画和插图。被告哥伦比亚电影制片公司（以下简称"哥伦比亚"）制作、宣传并发行了电影"莫斯科"。被告RCA公司（以下简称"RCA"）和哥伦比亚一起宣传并发行了该电影的家庭录像版，被告 Diener Hauser Bates Co.（以下简称"DHB"）是该电影的广告代理商。其他被告根据法院于1986年11月17日作出的指令加入该诉讼。这些被告分为两类：（1）参与电影国内和海外发行的哥伦比亚和RCA的分支机构。（2）发布了被诉称侵权广告的主流报纸之所有者。

原告诉称被告电影宣传海报侵犯了他为纽约人杂志所画插图的版权，该插图刊登在该杂志1976年3月29日这一期的封面上。被告否认了这项主张，并提出作为模仿的合理使用、禁反言和疏忽等抗辩。

法院意见：

I

版权案件中很少作出简易判决，因为法院不愿作出主观的比较和决定，但本巡回法院承认"法院可以在法律上决定不存在侵权从而作出简易判决"，"当绝大多数证据能使法院有正当理由在初审时直接裁决，那么给予简易判决是恰当的"。

本案中大量证据表明对关键事实不存在实际争议，而且在证人证言中不包含相矛盾之处，因此不需要去衡量证人的可信度，就能作出和本案判决相关的必要裁定。其他大多数版权侵权诉讼一般由陪审团来裁定争议，而本案的不同之处在于：每一方都提出简易判决的动议，没有一方要求陪审团的介入，法院是初审中事实的审判者。最后，从司法节约的角度来考虑，对本案作出简易判决是恰当的。

II

双方对关键事实都没有争议。1976年3月29日，纽约人杂志出版了本案中争议的作品作为该杂志的封面插图。杂志随后向美国版权局登记了该插图，并将该插图版权给了原告。三个月后，原告和纽约人杂志社达成一项协议来印刷和发售该插图的海报。

被告的插图是用来为电影"莫斯科"作广告的。在设计该插图时，哥伦比亚的执行艺术总监凯文诺兰承认他特别参考了原告的海报，并且事实上他购买了海报还将其悬挂在办公室中。诺兰还明确指示外聘艺术家克雷格尼尔森使用原告海报来完成更容易被辨识的纽约全景。尼尔森承认根据诺兰的建议使用了一座大厦的正面图像以此使他的图画变得更有纽约特色。尽管两张海报中的两座大厦不是一模一样，但它们是如此的相似以至于不能不说被告未经许可模仿了原告的作品。

为了解决侵权的争议，有必要考察海报本身。原告的插图展现了从一只鸟的视角看到的场景：穿过曼哈顿西侧的一部分，越过哈得逊河，接着是美国和太平洋的远景，直到红色的地平线，地平线下是三块平坦的大陆，分别为中国、日本和俄罗斯。杂志名称用的是纽约人杂志经常使用的字体，占据了整幅海报五分之一，杂志名称下面是一条细蓝带，代表了蓝天。

海报中纽约市之外的其他部分被缩到极小，以此来象征纽约人认为自己的城市是世界的中心这样一种想法。哈得逊河以西的整个美国都被缩减到以一条棕色带子加上些浅绿小梯形以及散落周围的城市和州的名字来表示。与之相反，曼哈顿的街区则被画得十分细致。四个正方形的街区占据了整个海报的下半部分，大楼、行人、轿车还有停车场和邮局都出现在画面中。尖体字的运用和夸张简略的风格是原告海报的特征。

"莫斯科"的海报用三分之一的版面来突出该电影的三个角色，也采用一只鸟的视角来描绘纽约城以及自曼哈顿向东延伸的部分还有大西洋和用寥寥几笔描绘出来的欧洲，最后画面停留在地平线上一座可被辨识的俄罗斯风格的建筑，写着"莫斯科"这几个字。海报的正中央描绘了四个纽约城的街区，包括其中的建筑、行人、交通工具、停车场和水塔、邮局等。在表示大西洋的蓝带上，以伦敦、罗马和巴黎代表整个欧洲。每个城市都以其标志性建筑来代表。

莫斯科后的地平线用红色的炭笔勾勒出来，在其之上是电影的名字和内容简介。海报被表示蓝天的细蓝带所围绕。该海报糅合了不同的创作风格：电影中的三个角色有张写实的脸，但其衣着是简略的。城市的街区被画得比较详细，但其风格是简约的。画面中的字母是尖的，大写字母则和原告的实质相似，而印在海报上部和下部的文字之字体和纽约人杂志使用的字体是一样的。

III

为了在版权侵权诉讼中胜诉，原告必须证明自己拥有版权而被告进行了模仿。本案中关于原告对插图的版权没有实质性争议。因此，为了胜诉，原告需要证明诉因中的第二个因素。“因为难以取得复制的直接证据，因此往往通过有获取该版权作品途径的间接证据和两个作品中受保护材料的实质性相似来证明被告进行了复制。”“如果作品之间并无相似，那么无论有多少证据证明被告有途径来获取原告作品都不足以证明其进行了模仿。”

本案中，被告获得原告作品的途径已经被确定地证明了，因此关于侵权责任的唯一争议就是版权作品和被指控作品之间的实质性相似是否构成对原告版权的侵犯。最关键的问题就是“实质性相似”，这既是个和事实密切相关的问题，也是个需要从法律上解决的问题。

“实质性相似”是个难以被定义的概念。本法院认为所谓“实质性相似”是指“一个通常的外行人是否能辨识出被控作品盗用了受版权保护的作品”。原告无须满足严格的“通常的观察者”这个标准。而且“只要该复制品与版权作品有实质性相似，即可无需证明详细的复制过程”。在决定两个作品之间是否存在实质性相似时，关键的是要区分作品的思想和表现形式。思想的特定表现形式受到保护，而思想本身是不被保护的。被告不能因为使用了一幅图画的思想而承担责任，但也仅限于此，没有什么法律原则声称人们可以超越思想而去使用思想的表现形式。

即使只是第一次看到，我们也会注意到两幅海报的风格明显存在联系，而风格又是表现形式的一个要素，这一联系意义重大。被告的插图被做成简约夸张的风格，而这又是原告海报的标志。两张海报都以一只鸟的视角看曼哈顿以及曼哈顿之外的世界，都详细描绘了四个街区，而在背景处理上又采用了渐进的抽象手法。在海报顶部都运用了的蓝色的狭长带子来表示蓝天，都将地平线描绘成一条红色的带子。

最相似的部分体现在对纽约市街区的描绘上。两个艺术家都采用了居高临下的位置来描绘一条通向河边与两条大道相交的宽阔的双向大街。不管被告的争辩，显然在道路如蛛网般密布的纽约市里，这肯定不是唯一描绘街区的方法，而且纽约市的大部分十字大街都是单向的。事实上，被告改变大街的名称而保持街区的大致轮廓反而削弱了他们的供词：要不是他们有意根据原告的海报来描绘街道从而使自己的插图看上去更写实，他们所描绘的四个街区不会与原告海报上的如此相似。被告抗辩说将街道标牌以及建筑混杂在一起象征着电影中莫斯科人对一个新城市的困惑，但这不会使他们的海报和原告的相似性有所减少。

尽管不是所有的细节都是相同的，但很多人都会混淆两者，比如对水塔、汽车、停车场的红线以及许多独立建筑的描绘。许多大厦的外观、窗户及轮廓都是实质相似的。原告海报上的建筑正面、装饰以及细节都被体现在被告的海报中，尽管出现的位置不同。十分重要的是原告没有根据现实来描绘纽约市的建筑，而是根据从曼哈顿西侧看到的大致景象来创造他认为的具有纽约特色的构图。因此两张海报中的相似处不能被解释为艺术家恰好选择了同一个建筑去描绘。这种高度相似性的唯一解释是被告艺术家抄袭了原告的作品，连原告海报中的错误和反常的阴影都被细致地模仿了。

另外，哥伦比亚的艺术家使用了一种黑体字来标注“莫斯科”海报中的街道名称，而这种字体也是原告海报的标志之一，这种相似性也只能是模仿的结果。使用这种字体标注纽约市街道并没有内在合法性，因为这种字体的使用与纽约的唯一联系只体现在原告的海报中。

被告证明在地平线上的“莫斯科”城比原告插图中背景部分要描绘得详细得多。仅有这一事实不足以改变我们的结论。“实质性相似”不要求同一性，“完全相同或近乎一致并不是构成侵权的必要条件”。对莫斯科的描绘、对东部的全景描绘或是被告海报中散落分布的纽约标志性建筑都不足以消除两张海报之间的实质相似。

被告宣称他们的海报中只有一小部分和原告相似，这既不能得到事实支持也不能得到法律支持。被告海报的绘制过程却和该项抗辩唱反调。不可否认在绘制纽约市街区时可以把建筑、行人、汽车、路灯柱还有水塔都画上去，原告并没有因被告使用了这些因素而起诉他，原告的主张是被告模仿了他对这些因素的表现形式。

IV

被告申辩，从“莫斯科”海报再现原告海报的程度来看，这种再现是合理使用原则所允许的模仿。我认为这个申辩没有法律依据。尽管如本法院以前判决的那样，“版权作品一定至少有部分是被模仿的对象”。但这个判决并不支持被告只是想讽刺原告作品这样一个主张，事实上哥伦比亚公司执行艺术总监的证词反而反驳了这项主张。更进一步，被告声称自己只是有意识地模仿了原告以狭隘的视角看世界这样一种艺术思想，这项申辩与本案并不相关。思想不是版权所要保护的，原告所诉称的侵权是对原告特定的思想表现形式的侵权。被告对原告插图的视觉戏剧效果的变动并不构成模仿，因而不是对原告作品的合理使用。

在判断一个作品是否构成对另一个作品的合理使用时，国会以立法方式指示法院考虑几个因素，首先要考虑的就是“该被指控侵权的作品是被用于商业目的还是非营利的教育目的"。在分析"莫斯科"海报的商业或是非商业性质时，有必要区别两个不同的情形：广告作品宣传了一个版权作品的复制品；广告作品本身侵犯了版权。第一种情形下，广告使用了版权作品的某些成分并不必然表示它侵犯了版权，如果它所宣传的产品构成对版权作品的合理使用。第二种情形下，被宣传的作品本身与版权作品并无关联，而广告本身侵犯了版权。这种情形下，版权所有者可以禁止使用该广告。正如第二巡回区法院说的那样，"无论一个版权作品如何知名，作者有权防止作品被盗用来为商品的销售做宣传"。本案的情况符合第二种情形，无论是电影"莫斯科"还是电影海报都不是被设计作为原告海报的仿制品。电影海报只是借用了原告海报中的大量元素来创造出一个吸引人的广告作品，从而宣传一个与原作品毫无关联的商品即电影。这里不涉及任何该插图的仿制品，被告无权受到合理使用原则下仿制品规则的保护。

评论：

"实质相似 + 接触"是著作权侵权中认定抄袭的普遍标准。司法判例中经常以此作为判案依据。"接触"的认定相对容易，只要一方存在接触或可能接触对方作品的事实，或其无法举证证明自己没有条件接触对方作品，均可以认定"接触"的成立。

判定著作权侵权之所以要采用"实质相似"的概念和标准，是因为著作权侵权的不易认定。为了使司法审判更加趋于对社会公共利益与个人财产利益的均衡，对著作权这种知识产权权利的保护就需更加有力度，保护确应保护的真正创作者的真实劳动成果，同时也要维护社会发展的公共利益，使文学创作不至于被少数人利用法律制度的不完善而垄断。

任何一个著作权作品，其表达方式均包含了两种：字面表达与非字面表达。同理，作品之间的相似也有两种表现形式，一是'字面相似'；二是'非字面相似'。在字面相似的情形下，被告抄袭原告作品的文字表达也就是原告具体在作品中使用的语言。这种情形易于判断，有通常阅读能力的人均可发现相似或不相似的情形。但现在诸多侵权情形早已超越了这个浅层次上的侵权形式。非字面相似的情形下，被告模仿原告作品的基本要素或结构，这种模仿已经超越了逐字逐句抄袭原告作品中所使用语言的阶段，是体现在作品中更为隐蔽的一种抄袭形式。

第二节　间接侵权

Fonovisa, Inc. v. Cherry Auction, Inc.
76 F. 3d 259 (1996)
美国第九巡回法院

案由：

原告即上诉方 Fonovisa, Inc. 是一家拥有拉丁和西班牙唱片版权和商标权的加利福尼亚公司。Fonovisa 在地区法院向被告，即被上诉方 Cherry Auction, Inc. 及其众多的独立商贩（合称"Cherry Auction"）提起了诉讼。Cherry Auction 在加州经营着一个集市，顾客来到集市从个体商贩那买各种商品。商贩通过给集市运作者交日租金的形式来获取摊位。Cherry Auction 提供停车位、商品广告并且在任何时候都保留以任何理由驱逐一家商贩的权利，这项权利的行使可以让集市运作者驱逐侵犯专利和商标权的商贩。另外，被告还收取每个进入集市的顾客的入场费。Cherry Auction 及其经营者对于集市中商贩销售盗版唱片这一行为是了解的。事实上，在 1991 年，地方警局就突袭了 Cherry Auction 的集市，没收了超过 38 000 张盗版唱片。1992 年，在发现其集市的商贩仍然在销售盗版唱片后，警长给 Cherry Auction 发了通知函，提到了正在其集市内发生的销售侵权商品的行为，并提醒 Cherry Auction 公司已经同意为警长提供能够辨别每个商贩的信息。另外，在 1993 年，Fonovisa 公司也派一名调查员到了集市，并且目睹了销售盗版唱片的行为。

Fonovisa 公司在 1993 年 2 月 25 日向地区法院提起了诉讼，在 1994 年 3 月 22 日地区法院驳回原告起诉。在此上诉中，Fonovisa 公司并没有反对地区法院驳回其让 Cherry Auction 公司承担直接侵权责任的请求，但是对驳回其版权帮助侵权，替代侵权及商标共同侵权的请求提起了上诉。

上诉法院认为：1. 原告合理陈述了提起替代侵权诉讼的理由；2. 原告合理陈述了提起帮助侵权诉讼的理由；3. 原告合理陈述了提起帮助商标侵权诉讼的理由。地区法院的裁决被驳回并发回重审。

法院意见：

这是一个对集市的运作者侵犯版权和商标权的行为提起诉讼的案件。

在这个集市上第三方商贩经常销售侵犯原告版权和商标权的盗版唱片。地区法院驳回了原告的诉讼请求，认为根据法律，原告没有理由让集市的运作者为商贩的销售行为负责，运作者只是将他们的地方租给了商贩。我们推翻此项判决。

尽管版权法案并没有明确表明可以对非直接侵权者施加责任，法院长久以来已经认可在特定的环境下，可以对非直接侵权者施加替代或帮助侵权责任。第7巡回法院已经判定对类似于Cherry Auction公司的跳蚤市场的所有者可以施加商标权帮助侵权责任。然而本案中的地区法院，明确地否决了第7巡回法院的判决理由。本案是在联邦上诉法院提起的第一个在集市或者跳蚤市场背景下关于版权帮助侵权和替代侵权的案件。

替代侵权责任

替代侵权责任概念发展于第2巡回法院，是代理原则中的雇主责任原则的发展。关于销售盗版唱片的替代责任原则的标志案例是 *Shapiro, Bernstein and Co. v. H. L. Green Co.*, 316 F. 2d 304 (2d Cir. 1963)。在Shapiro案中，法院面对的是一个版权侵权诉讼，原告起诉百货连锁店的店主，要求其为其柜台商家销售盗版唱片的行为负责。注意到通常的雇主责任原则对侵犯版权的雇员之雇主施加责任，法院创造性的使得此项原则也适用于被告事实上并没有雇佣直接侵权者，但其经济利益与直接侵权者交织在一起的情况中。

Shapiro案中法院考虑了其认为有明显关联的两类案件。一类案件是房主和房客的案件，法院在这种案件中认为房主不必为其房客的侵权销售行为负责，因为房主并不知悉房客的侵权行为且对已出租的地点无控制权。另一类案件，也就是所谓的舞厅案件，娱乐场所的经营者在满足以下条件的情况下为侵权表演负责：(1) 可以控制场地；(2) 从付费观看表演的观众处获取了直接经济利益。

通过这两类案件，Shapiro案的法院决定此案中商店的所有者与柜台商家的关系更接近于舞厅案件，而不是房东和房客案件。法院对被告施加了侵权责任，尽管被告并不意识到侵权行为的存在。法院认为让被告承担替代责任原则并不严酷和不公平，因为商店的所有者有权制止柜台商家的行为，并且从柜台商家的侵权行为中获得了明显的直接经济利益。适用标准在随后第2巡回法院的案件中得到了更详细的表述：即使在缺乏雇员雇主关系的情况下，某人也要承担替代侵权责任，如果他有权力和能力监督侵权行为，并且在这些行为中有直接的经济利益。

本案中的地区法官同意被告的意见，认为Fonovisa公司的诉讼在法律上既没有满足Gershwin案中的控制要素，也没有满足经济利益要素。地区法院根据诉答状认为：Cherry Auction既没有监督商贩的销售，也没有从销售中获利。在地区法院看来，考虑到控制和经济利益因素，Cherry Auction公司与房东案件中的房东所处的地位相同，通过与房东签约，房主已经放弃了其专属的占有权。而这种对比与地区法院所引用的事实不符。Cherry Auction对这些摊位是有控制权的，并且还进行巡逻。Cherry Auction公司有以任何理由终止商贩销售行为的权利，通过行使这项权利，运作者有能力控制在其集市内商贩的行为。另外，公司为集市进行了宣传并且可以控制进入集市的顾客。在控制因素方面，我们面前的事实与Shaprio案非常相似。例如在Shaprio中，法院重点考虑了被告百货商店与直接侵权者——柜台商家的正式执照协议。在那个案件中，销售违禁唱片的柜台商家与百货店签有执照协议，协议要求柜台商家及其雇员必须一直遵从格林公司的各种规定，并且格林公司有“不受审查”的权力解雇柜台商家的雇员。实际上，格林公司并没有积极参与唱片的销售，是柜台商家控制和监督其雇员。然而，格林公司可以监管其商家的能力与Cherry Auction公司通过签订广泛合同所获得的监管能力是相同的，足够满足控制因素的要求。在Gershwin案中，被告缺乏正式的、受合同保证的能力来控制直接侵权者。然而，由于被告广泛的参与直接侵权行为的举动，包括推广这些行为（例如为其吸引观众），法院认为被告处于可以控制侵权者的地位，满足控制要素。作为集市的推广者和组织者，Cherry Auction公司行使了与Gershiwin案中的被告相同的控制力，因为被告（1）可以通过规章制度控制直接侵权者；（2）监管其摊位从而确保规章得到遵守；（3）为直接侵权者参与的表演做了推广。因此地区法院以上诉方未表明足够的控制要素为由驳回替代侵权责任的请求是不正确的。

我们接下来考虑经济利益因素。原告的诉状涵盖了很多Cherry Auction公司通过侵权销售获得的重大利益，包括每个侵权商贩缴纳的日租、每个进入集市的顾客缴纳的门票费、以及来购买侵权唱片的顾客附带支出的停车费，购买的商品和其他服务费。然而Cherry Auction公司却争辩说这些利益不能满足构成替代侵权责任的条件，因为经济利益必须是直接与销售特定侵权物品挂钩的佣金。他们请求我们把经济利益的考量精确限制在Shapiro案中确定的事实上，在该案中被告以直接侵权者的货物收据来收取百分之十到十二的佣金。Cherry Auction 公司以每个商贩仅付很少的日租，并且大大低估了其他流向集市的经济利益为依据，要求我们将集市实质上等同于房东来对待。然而 Fonovisa 公司提供的事实表明被告通过入场费柜台销售和停车费获得了巨大的经济利益，而这些都直接来自想来集市以低价购买盗版唱片的消费者。原告已经充分表明了直接的经济利益。

我们的结论通过一系列的案件得到了加强。从舞厅案件开始，这些案件对以侵权表演来提高对潜在顾客吸引力的商业经营者施加了替代侵权责任。例如在 Polygram 案中，直接侵权者为在贸易展览中通过使用侵权音乐来与来宾交流、并引起观众对他们产品兴趣的参展者。法院认为贸易展览的参展者通过这种关注获得了重大经济利益，因为来宾为侵权音乐付了钱。在本案中，集市中销售盗版唱片的行为对于顾客来说构成了吸引，就像舞厅案件中播放盗版音乐一样。因此，我们认为，原告已经成功提起了一项替代版权侵权的诉讼请求。

帮助侵权责任

帮助侵权责任理论起源于侵权法，其理论依据是对另一个人的侵权行为有直接辅助作用的人应该为此侵权行为负责。关于此项原则最经典的陈述在 Gershwin 的判决中："某人在知晓侵权行为的情况下，诱使、引起或实质上帮助了另一人的侵权行为，应该负帮助侵权责任。"

争议事项之一是原告是否充分地证明了 Cherry Auction 公司实质上帮助了侵权行为。我们毫无困难的可以支持这项声明，那就是原告已经充分地表明了被告实质上帮助了侵权行为。事实上，如此大规模的侵权行为的发生，如果没有集市提供的支持服务是不可能的。这些服务包括空间、设施、停车、广告、管道及顾客的提供。Cherry Auction 公司要求我们忽略原告描述的所有事项，而只集中在空间的租用上，并要求我们判定集市再没有提供任何的服务。然而，Cherry Auction 公司积极地提供了环境和市场以使盗版唱片的销售继续下去，其在销售中的参与并不能像被告希望的那样被判定为被动的。地区法院明显是采纳了这种观点，即帮助侵权应当被限制在那些被告"明示地帮助或鼓励销售盗版产品，或在某种程度上保护了侵权人的身份"的情况之下适用。地方警长合法地要求 Cherry Auction 公司收集和共享其商贩的身份信息，而该公司并未遵守这一承诺，我们同意第三巡回法院在 *Columbia Pictures Industries, Inc. v. Aveco, Inc.*, 800 F. 2d 59 (3rd Cir. 1986) 中的分析，在知道侵权行为存在的情况下仍然为其提供场所和设施足以构成帮助侵权责任。

评论：

“直接侵权”是指未经版权人许可，也缺乏“合理使用”或“法定许可”等抗辩理由，而实施受版权人专有权利控制的行为，如复制、发行、表演和改编作品等。这是被各国版权法普遍明文规定的一类版权侵权行为。

另外，版权侵权行为经常涉及第三人的帮助、参与和支持。即使第三人并未直接实施受专有权利控制的行为，如果其行为与他人的“直接侵权”行为之间存在特定关系，一些国家的版权法或司法判例也将这类行为规定为侵权行为。由于这类行为构成侵权的原因，并非是其直接侵犯了版权人的专有权利，因此被称为“间接侵权”。在复制和传播技术日新月异的今天，个人已经具备实施能够造成严重损害后果的版权侵权行为。但版权人不但有时无从寻找个人侵权者，而且往往难以通过追究个人的侵权责任获得充分的补偿。如果“直接侵权者”通过网络在境外实施侵权行为，即使本国是损害后果的发生地，版权人也难以对其提起诉讼。间接侵权的确立使得版权人可以转向更具经济实力的间接侵权人。

美国版权法上的间接侵权理论是通过法院判例确立的。法院依据普通法上已经确立的原则，将间接侵权责任分为帮助侵权责任（contributory infringement）和替代侵权责任（vicarious liability），让第三人为直接侵权人的行为承担责任。

在本案中，一家二手货市场中有一些摊位大量出售盗版唱片，版权人曾经向市场管理者发函告之其市场中发生的“直接侵权”行为，但管理者置若罔闻，未采取任何措施予以制止。法院认定管理者在明知部分摊位从事侵权行为的情况下，还通过继续提供摊位、设施、停车位、广告、水管维修和客户等方式对其进行实质性帮助，构成替代和帮助侵权。

我国《著作权法》中虽然没有出现“间接侵权”或“引诱侵权”、“帮助侵权”的用语，但是，《民法通则》第 130 条“共同侵权”规定，二人以上共同侵权造成他人损害的，应当承担连带责任。最高人民法院也在《关于贯彻执行〈民法通则〉若干问题的意见》中明确规定“教唆、帮助他人实施侵权行为的人，为共同侵权人”。

A&M Records, Inc. v. Napster, Inc.
239 F.3d 1004 (2001)
美国联邦第九巡回法院

案由：

原告为版权音乐作品的经销商。被告为 Napster, INC. （以下简称 Napster）。在 1987 年，Moving Picture Experts Group 创制了一种标准文件格式来储存数字形式的声音即 MP3，由减缩（ripping）的程序而制作数字之 MP3 格式文件。计算机用户可以将 CD 上的声音信息以 MP3 格式压缩而直接复制在计算机硬盘中。以 MP3 格式将数字声音档案由一部计算机经由电子邮件或方式迅速传递到另一部计算机上。Napster 实际上是为不同用户之间 MP3 的传递提供了便捷，其方式是通过点对点（peer-to-peer 或者 P2P）的模式。Napster 可以使其用户从事下列行为：（1）以复制其他 Napster 用户所提供的音乐档案而在其计算机硬盘中制作并储存 MP3 格式之音乐档案；（2）搜寻储存在其他用户计算机中之 MP3 音乐档案；（3）经由网络将其他用户的 MP3 格式文件由一部计算机复制额外的备份于另一计算机上。这些功能由 Napster 所提供的软件 MusicShare 所完成。该软件由 Napster 的网站免费提供。Napster 提供了指引与搜寻 MP3 格式文件的技术支持，其他的功能还包括聊天室，在此用户可以互相讨论音乐，音乐作品也可以提供有关他们音乐的信息。该软件的主要功能如下：

A　接触系统

为了经由 Napster 获得 MP3 的档案，用户必须先进入 Napster 的网站，并下载 MusicShare 于其个人计算机中。待软件安装好之后，用户就可以进入 Napster 的系统。第一次进入的用户需要以用户帐号与密码在 Napster 系统上注册。

B　列出可用的文件

如果已注册的用户希望将储存在其计算机硬盘中可用文件放在 Napster 上供他人获得，必须先在其计算机硬盘中建立一个名为用户图书馆的目录。用户将其 MP3 格式文件储存于该目录之下，再以账号与密码进如 Napster 系统，他的 MusicShare 软件就会搜寻他的用户图书馆的目录，并证明可用档案已具有适当的格式。如果 MP3 格式无误，就会被上传到 Napster 的服务器中，但是 MP3 格式文件的内容还是储存在用户的计算机中。

一旦上传到 Napster 的服务器中，用户的 MP3 文件就被储存在服务器中的以用户命名的特定空间中。当用户还停留在 Napster 系统时，该文件就变成集合目录的一部分。集合目录是不断变动的，因为系统会不断搜寻在线的用户，仅显示正在线上的文件名。

C　搜寻可用的档案

Napster 允许用户通过两种方式找到其他用户的 MP3 格式文件，即：Napster 搜索功能与热线功能。

软件探测 Napster 保留集合目录之搜寻索引。为了搜寻 Napster 上可用档案，用户通常连上网络，个别用户由储存于其计算机上的 MusicShare 软件取得一份表格，填写歌曲或歌手名称，当作搜寻之目标。该表格传送到 Napster 的服务器中，并自动地与服务器中之搜寻索引比较。Napster 服务器会由所有 MP 档名中列出一份与搜寻条件相同的清单，并传回给搜寻者。Napster 服务器并不搜寻任何 MP3 格式文件的内容，而只是在以特定文件名称列明的文件目录中搜寻。

使用“热线”功能时，Napster 的用户会建立一个过去曾从对方电脑上获得 MP3 的用户名单。当用户进入 Napster 服务器上，系统会提醒他还有什么用户也在线。通过这种方式，用户可以接触特定热线上用户所有 MP3 格式文件的目录，并可在该图书馆中获得其搜寻的档案。热线上用户之 MP3 格式文件的内容并未储存在 Napster 的系统中。

D　传递 MP3 文件备份

在要求传递 MP3 格式文件内容的备份时，Napster 服务器软件会获得搜寻者和文件所有者的互联网地址。然后，Napster 服务器将文件所有者的网络地址告知搜寻者。搜寻者的用户利用这一信息和文件所有者建立联系再下载 MP3 格式文件，这就是所谓的 P2P。被下载的 MP3 格式文件可由用户通过 MusicShare 或其他软件在硬盘直接播放。将作品移转为 MP3 格式，声音质量损失不大。

原告主张 Napster 用户从事了受版权保护作品的批发、发行行为，构成直接侵权。原告同时指控 Napster 构成辅助和替代侵权。地区法院在 2000 年 7 月 26 日对 Napster 下达暂时禁令，禁止 Napster 复制、下载、上传、传送及分配原告有著作权之作品。Napster 提出上诉。

法院意见：

本案包括以下主要争议：

1. Napster 用户行为是否构成直接侵权？

2. Napster 用户行为是否构成合理使用？

3. Napster 的行为是否构成著作权之辅助侵权？

4. Napster 的行为是否构成著作权之代替侵权？

5. Napster 用户之行为是否可以适用家用录音法之下免责条款？

6. Napster 之参与著作权侵权与代理著作权侵权的责任，是否受到数字千禧法的限制？

1. 关于直接侵权。原告必须能满足两个要件才能构成直接侵权：第一，必须显示其对案件所涉的被侵权物品有所有权；第二，必须显示侵权者至少侵犯著作权人一项专属权。第一个条件显然已经具备。关于第二个条件，法院认为，Napster 用户将版权作品上传的行为已经构成了版权人亮相权利的侵犯，即复制权和发行权，而那些通过共享将文件下载的用户则构成了对复制权的侵犯。Napster 对此也表示承认。

2. 关于合理使用。Napster 认为用户的行为是构成了合理使用。地区法院在按照版权法第 107 条考虑了合理使用的四个因素之后，否定了这一主张。这四个因素为：（1）使用的目的与特性；（2）有著作权之著作之性质；（3）使用部分对于有著作权之著作整体之分量与重要性；（4）使用之结果对于有著作权之著作之潜在市场与价值的影响。上诉法院同意地区法院认为 Napster 用户之行为不是合理使用的判决。

首先，关于使用的目的和特性：能够构成合理使用的应该是一种“转化性的”使用，但是本案中用户的行为并不能满足这一要件，用户仅仅是将作品存在的介质进行了转化。另外，还需要考虑侵权使用行为是否具有商业性质。法院认为，商业使用不需要显示出直接的经济利益。在本案的情况是，用户通过网络共享确实节省了本应支出的购买费用。其次，关于被使用作品的性质：创造性高的作品比以事实为基础的作品更难主张合理使用。本案的音乐作品无疑属于前者。第三，被使用的部分：本案毫无疑问涉及的是对整个作品的使用；第四，对于被使用作品市场的影响：通过网络对于音乐作品的免费共享明显使相关音乐作品的销售市场受到了很大影响。地区法院认定 Napster 至少以两种方式伤害了市场：第一，降低了音乐 CD 在校园学生市场的销售；第二，提高了原告进入数字音乐下载市场的障碍。

此外，Napster 提出的三项关于合理使用的抗辩也被法院所否定。第一，Napster 辩称其用户下载 MP3 是作为样本，以进一步决定是否要购买该录音著作。但是，法院最终认为 Napster 的主张不能成立，因为任何可以强化原告销售量的行为，不能以合理使用分析而对被告做出有利的判决。可归功于非授权使用而使销售量增加的行为，不能剥夺著作权人授权的权利。其次，Napster 主张上诉法院已经裁定音乐作品与录音著作之空间移转是合理使用，本案也同样适用这一规则。但是法院认为，此两案与本案并不相同，因为其中的移转并未同时涉及有著作权之著作向公众传播。Sony 与 Diamond 案中的用户仅作私人用途。相对地，Napster 系统为了要获得其他用户的音乐，歌曲可为数以百万的个人取得，而不仅仅是原版 CD 的所有者。

3. 关于辅助侵权。所谓辅助侵权，是指对于他人侵权行为知晓、引诱、导致、会实际辅助的侵权活动。换言之，如果被告从事了鼓励或者帮助侵权的行为，即构成辅助侵权。法院认为，Napster 参与，并在知晓的情况下鼓励与帮助侵权行为。

A. 知情

辅助侵权需要第二侵权者知道或有理由知道直接侵权行为。地区法院发现 Napster 对于用户交换版权音乐拥有确实或者是推定的知识。地区法院也认为法律并未要求知情特定的侵权行为。Napster 主张其无法区分侵权或者不侵权的文件从而对侵权行为不知情，这一主张没有被法院接受。

记录表明 Napster 对于直接侵权行为已经知晓。Napster 不能依据 Sony 案来免除责任。

在 Sony 一案中，法院拒绝主张录像机的制造商与零售商对于个人用户使用这些装置所进行之侵权行为承担辅助侵权责任。Sony 主张，如要在此情况下要求其承担责任，Sony 必须在销售这些装置时，对于他们的顾客将会使用装置进行侵权行为具有相当程度的认知。

根据 Sony 案的判决，法官拒绝“仅仅是提供完成侵权行为所需要的方法，就可以认为被告具备了承担责任所需要的‘知识’”。因此，上诉法院认为不会仅仅因为“点对点”档案的分享技术而认定 Napster 具备了必要的“知识”。地区法院认为 Napster 没有能证明其系统还具有其他商业上明显的非侵权用途，但是上诉法院认为这并非重点。地区法院的错误在于过于局限于对现在使用的分析，忽视了该系统的能力，以至于在现阶段与未来的非侵权使用中，地区法院有过分强调现阶段的侵权使用之倾向。不管 Napster 系统具备多少侵权和非侵权的用途，目前事实可以证明原告很有可能证明被告 Napster 对于用户的侵权行为是知情的。

上诉法院同意，如果一位计算机系统操作者知悉特定的侵权内容可在其系统中取得，但没有删除这些内容，则该操作者知悉且参与直接侵权。相反地，在缺乏指认任何特定的侵权行为之情况下，不会因为系统可以交换有著作权作品之功能而认定计算机操作者负有辅助侵权之责。

B. 实际性的辅助

上诉法院认为上述“知识”的存在可以认定 Napster 应负有辅助侵权的责任。根据记录，地区法院发现 Napster 确实知晓特定的侵权内容可以在其系统中取得，他可以阻止该系统进行侵权内容的，但其没有这么做。

在地区法院所发现的事实中，Napster 实质地参与了侵权活动。Napster 提供直接侵权的网站与工具。如没有被告所提供的服务下，Napster 用户不能找寻与下载音乐档案。

4. 关于替代侵权。在版权领域中，替代侵权源自于雇佣关系，也延伸到了被告有权和能力来监督侵权行为以及对于侵权行为有着直接经济利益的其他案例。但是辅助侵权和替代侵权之间的界限并非泾渭分明，在 Sony 案中最高法院也没有给出清晰的指示。

A. 经济利益

上诉法院对于地区法院判定 Napster 在案涉侵权行为中获得经济利益表示同意。经济利益存在于侵权的内容可以用来吸引顾客。大量的证据显示出 Napster 未来的收益是依赖用户基础的扩大。当可下载音乐的质量与数量愈来愈多时，就会有愈来愈多的用户在 Napster 系统上注册。

B. 监督

上诉法院对于地区法院判决 Napster 有权利和能力监督其用户行为的认定，仅作部分的同意。以任何理由阻止侵权者进入特定环境，是证明其有能力与权利监督的证据。在本案中，原告证明 Napster 系统保留了控制其系统进出的权利。Napster 明确地表示其权利保留的政策，其中陈述到其保留了拒绝服务与终止账号的权利，包括但不仅限于 Napster 在认为其用户从事违法的行为或是基于 Napster 单方面的自由裁量。要回避替代侵权责任，这一被保留的权利必须充分的行使。如果因经济利益之目的而对侵权行为不加以监督，将负有责任。

地区法院正确认定了 Napster 有权利与能力监督其系统，但是没有行使这一权利以阻止版权作品的交换，但是对于 Napster 有权控制和巡查的区域范围却做出了错误的认定。然而，地区法院在认知 Napster 系所控制与巡察进入许可的疆界有所失败。因为 Napster 控制和巡查的权利也要受到其系统物理疆域的限制——Napster 系统仅仅是看这些文件是否是 MP3

格式，却并不阅读所有显示在目录中的文件内容。

但是，Napster 还是有能力定位目录中的侵权内容，并且有权终止用户进入系统的权利。文件名是 Napster 可以巡查的对象，尽管文件名是用户命名的而且不一定和版权作品实质性的相符（例如歌曲名称或演唱者字母拼错）。为了效率，文件名必须合理的或大致上与作品有关，否则没有用户可以搜寻到这些档案，因此 Napster、其用户、原告唱片公司都可以同等的利用搜寻功能找到侵权的内容。因此，法院认为，原告已经证明有替代侵权的实质性可能性存在。Napster 没有监督其体系的行为以及其相关经济利益，使得替代侵权责任应该由其来承担。

5. 关于 Napster 是否提出了可以排除禁令理由的问题

关于家用录音法

著作权法第 1008 条规定："由消费者基于数字录音装置、数字录音媒体、模拟录音装置或是模拟录音媒体之制造、进口或是散布，或基于消费者之非商业性质使用这些装置或媒体而制作的数字音乐录音著作或模拟录音著作之著作权侵权行为是不能被指控的"。Napster 辩称本案用户之间 MP3 格式文件之交换就是典型的非商业性质的使用，因此其也没有第二的责任。

上诉法院认为家用数字录音法并不能保护本案所涉及的将 MP3 格式文件下载到计算机硬盘的行为：第一，顾名思义，计算机并非属于"数字录音装置"，因为其主要目的并非制作数字录音。其次，即使如 Napster 所言，计算机属于数字录音设备，计算机中的固定格式歌曲也并非为该法定义项下的数字音乐录音。

6. 关于 Napster 行为适用于数字千禧法的问题

Napster 主张在数字千禧法之下，网络服务提供者（Internet Service Provider，简称 ISP）进入所谓"安全领域"后，对于著作权侵权之责任有所限制。地区法院并未给予限制，其认为 Napster 并未提出有说服力的抗辩。

评论：

随着互联网的迅猛发展，网络服务提供者的责任承担问题，成为网络著作权侵权领域内争论焦点之一。网络服务提供者是指通过信息网络向公众提供信息或者为获取网络信息等目的提供服务的机构，包括网络上的一切提供设施、信息和中介、接入等技术服务的个人用户、网络服务商以及非营利组织。根据其提供的"服务"不同，网络服务提供者具体可以分为网络接入服务提供者、网络平台服务提供者、网络内容及产品服务提供者。除了突破技术屏障的行为类型之外，网络著作权侵权最终都要通过内容体现。就网络内容而言，上述三类网络服务提供者的角色是完全不同的：网络接入服务提供者与网络平台服务提供者通常而言并不对传输内容进行主动编辑、组织或者修改，而网络内容及产品服务提供者，则涉及主动对内容进行编辑、组织或修改。因此，上述三类网络服务提供者对于网络著作权侵权的责任承担也应该完全不同。

根据我国《信息网络传播权保护条例》的规定，我国对于网络服务提供者的责任承担大致规定如下：

第一，对提供信息存储空间或者提供搜索、链接服务的网络服务提供者，权利人认为其服务所涉及的作品、表演、录音录像制品，侵犯自己的信息网络传播权或者被删除、改变了自己的权利管理电子信息的，可以向该网络服务提供者提交书面通知，要求网络服务提供者删除该作品、表演、录音录像制品，或者断开与该作品、表演、录音录像制品的链接。

第二，网络服务提供者根据服务对象的指令提供网络自动接入服务，或者对服务对象提供的作品、表演、录音录像制品提供自动传输服务，并具备下列条件的，不承担赔偿责任：（一）未选择并且未改变所传输的作品、表演、录音录像制品；（二）向指定的服务对象提供该作品、表演、录音录像制品，并防止指定的服务对象以外的其他人获得。

第三，网络服务提供者为提高网络传输效率，自动存储从其他网络服务提供者获得的作品、表演、录音录像制品，根据技术安排自动向服务对象提供，并具备下列条件的，不承担赔偿责任：（一）未改变自动存储的作品、表演、录音录像制品；（二）不影响提供作品、表演、录音录像制品的原网络服务提供者掌握服务对象获取该作品、表演、录音录像制品的情况；（三）在原网络服务提供者修改、删除或者屏蔽该作品、表演、录音录像制品时，根据技术安排自动予以修改、删除或者屏蔽。

第四，网络服务提供者为服务对象提供信息存储空间，供服务对象通过信息网络向公众提供作品、表演、录音录像制品，并具备下列条件的，不承担赔偿责任：（一）明确标示该信息存储空间是为服务对象所提供，并公开网络服务提供者的名称、联系人、网络地址；（二）未改变服务对象所提供的作品、表演、录音录像制品；（三）不知道也没有合理的理由应当知道服务对象提供的作品、表演、录音录像制品侵权；（四）未从服务对象提供作品、表演、录音录像制品中直接获得经济利益；（五）在接到权利人的通知书后，根据本条例规定删除权利人认为侵权的作品、表演、录音录像制品。

网络服务提供者为服务对象提供搜索或者链接服务，在接到权利人的通知书后，断开与侵权的作品、表演、录音录像制品的链接的，不承担赔偿责任；但是，明知或者应知所链接的作品、表演、录音录像制品侵权的，应当承担共同侵权责任。

第三节 损害赔偿

Stevens Linen Associates，Inc. v. Mastercraft Corp.
656 *F. 2d* 11 (1981)
美国联邦第二巡回法院

案由：

原告 Stevens Linen Associates，Inc.（以下简称“Stevens”）诉称被告 Mastercraft Corp.（以下简称“Mastercraft”）的两种织品侵犯了原告织品的版权。美国纽约州南区法院判决被告侵犯了原告受版权保护的织品的图案，给予原告永久禁止被告销售侵权织品的禁令，以及律师费用，但拒绝给予原告补偿性损害赔偿。原告提出上诉。

法院意见：

原告 Stevens 对纽约州南区法院莫特利法官的部分判决提起上诉，该部分判决拒绝给予原告的补偿性损害赔偿，该赔偿是因侵犯原告名为“切斯特顿”家庭装潢用的织品的版权而引起。地区法院判决，被告的“格兰德河”牌和“大峡谷”牌织品侵犯了原告“切斯特顿”牌织品的版权，给予原告永久性禁令来禁止侵权织品的未来销售，并判决被告承担原告的律师费用。但地区法院又认为，原告所遭受的损失太难推算以至于无法确定。上诉法院修正了该判决并发回地区法院让其确定该补偿性损害赔偿。

I

Stevens 和被告 Mastercraft 在家装用编制物的制造和销售市场上是直接竞争者。1976 年夏原告的雇员设计出一种新的纺织图案，也就是切斯特顿牌织品。这种织品与 1976 年 6 月首次与公众见面，并且在该年 9 月开始销售。同时对该设计注册版权保护并取得版权。在北卡罗莱纳一个名为“高点市场”的全国性家具市场，原告展出了这种织品。在这次展出之后，Mastercraft 又设计出两种被指控为侵犯原告版权的织品：格兰德河牌织品和大峡谷织品。

Stevens 于 1979 年 1 月 19 日提起诉讼，称 Mastercraft 的两种织品侵犯了 Stevens 切斯特顿牌织品的版权。地区法院认为 Mastercraft 的织品和 Stevens 受版权保护的织品在外观上实质相似，因而在 1980 年 2 月 15 日判决给予一个初步禁令，暂时禁止侵权织品的销售。在初审中，双方就是否侵权的争议展开辩论。Stevens 提出若干证据来支持关于侵权赔偿若干理论。首先，Mastercraft 承认已经售出 253 867 码的格兰德河牌和大峡谷牌织品。因此 Stevens 主张它遭受的利润损失赔偿应该基于 Mastercraft 整个销售量，因为它本可以售出同量的未被侵权的切斯特顿牌织品。Stevens 证明在 Mastercraft 销售其侵权织品期间，其生产能力过剩。

其次 Stevens 证明 22 个切斯特顿牌的客户也购买了 Mastercraft 的格兰德河牌和大峡谷牌织品。这些客户总共购买了 Mastercraft 两种织品共计 95 422. 625 码。因此 Stevens 主张它最少也损失了相当于这些销售量的利润。Stevens 同时还证明其曾向客户提供切斯特顿牌织品样品，而他们购买了 Mastercraft 的这两种织品 14 234. 125 码，而被劝说购买切斯特顿牌织品的客户则购买了 Mastercraft 这两种织品 97 258 码。

再次，Stevens 的副总裁和设计总监提供了关于切斯特顿牌织品的原始销售企划的证词。鉴于切斯特顿牌织品的销售在 1977 年到 1978 年之间增长了两倍的事实，Stevens 设想该织品的销售在 1979 年会继续增长两倍，到 1980 年其销售增幅大约为 12%，从 1981 年开始减少，其销售生命大约为 10 年。Stevens 又进一步介绍了切斯特顿牌织品的实际销售情况：从 1979 年开始，也就是 Mastercraft 的织品开始在市场上与切斯特顿牌织品展开竞争之时，切斯特顿牌织品的销售仅增长 4%，而不是设想的增长二倍，而在 1980 年的头 6 个月里，切斯特顿牌织品的销售减少了 64%。

最后，Stevens 比较了切斯特顿牌织品在涉案时间内的销售量和该公司同期销售总量。1978 年间，也就是 Mastercraft 开始销售它的那两种织品前，切斯特顿牌织品的销售总量增长了 216%，而 Stevens 的总销售量增长了 37%，如果扣除切斯特顿牌织品的增长，那么其增长量为 30%。1979 年 Mastercraft 开始销售格兰德河牌和大峡谷牌两种制品时，切斯特顿牌织品的销售仅增长了 4%，而 Stevens 的总销售量增长了 28%，如果扣除切斯特顿牌织品的增长，其增长量为 30% 。到 1980 年 6 月 31 日为止的头 6 个月里，切斯特顿牌织品的销售减少了 64% ，公司的总销售量仅减少 16% ，如果排除切斯特顿牌织品，其减少量为 12% 。

Stevens 还提供了 Mastercraft 销售格兰德河牌和大峡谷牌的发票，共计 24 张，总销售量为 4 329.375 码，总销售金额是 15 362.91 美元，发票上的日期截至给予初步禁令时。Stevens 主张，它应得到至初步禁令被给予之前因销售损失而引起的补偿性损害赔偿。

关于损害赔偿，Mastercraft 指出切斯特顿牌织品的定价是每码 5.4 美元，而 Mastercraft 的织品大约以每码 3.5 美元的价格出售。Mastercraft 的总裁作证说，因为双方织品的价格之差，他不认为 Stevens 可以取得涉案期间 Mastercraft 的上述两种织品的所有销售量。他还指出在市场上存在类似的更便宜的织品。最后 Mastercraft 提出证据认为涉案发票上的日期并不能反映出装运日期，仅反映出票日期。地区法院判定 Mastercraft 的两种织品侵犯了 Stevens 切斯特顿牌织品的版权。对于损害赔偿，地区法院特别提到了适用本案的制定法是 1976 年《版权法》第 504 条，裁定损害赔偿额为版权所有者的损失加上侵权者的利润，或者为制定法所特别规定的损害赔偿额，依版权所有者选择来确定。Stevens 选择寻求实际损失加上侵权者的利润。法院认定 Mastercraft 在销售侵权产品时是亏损的，因此不能判给原告侵权者的利润。对于 Stevens 遭受的实际损失，尽管法院认为“可以合理推断侵权行为的确对原告织品的销售造成影响”，但却拒绝给予任何补偿性损害赔偿，因为它们纯粹是推测性的。

法院特别驳回了这样一种论断，即 Stevens 本可以卖出更多的相当于 Mastercraft 所卖出的侵权织品量的切斯特顿牌织品。法院还驳回了 Stevens 本可以卖给那些既购买了切斯特顿牌织品又购买 Mastercraft 织品的客户更多切斯特顿牌织品的论断。最后法院还驳回了由 Stevens 的雇员证明的销售企划，因为根据销售企划比起其他论断更难推断 Stevens 的损失。法院没有提及和 Stevens 其他织品所作的比较或有关 Mastercraft 的侵权织品的销售被禁止前的销量的证据。法院判决由被告承担原告律师费。

II

我们认为地区法院不判给 Stevens 补偿性损害赔偿是错误的。为了确定应侵权产品的销售所引起的销售量的损失，法院不可避免要进行一定程度的推测。尽管正如 Mastercraft 在上诉中争辩的那样，证明诉因（意味着要证明被告的行为给原告造成了损害）与证明损害赔偿额之间是有区别的。在本案中地区法院认定 Stevens 的版权遭到了侵犯而这种侵犯引起了 Stevens 产品的销量损失。因此唯一的争议点是损失的程度。

鉴于侵权产品和被侵权产品之间的价格差，地区法院正确地拒绝给予 Stevens 基于它本可以卖出 Mastercraft 所卖出的织品量的假定损害赔偿。地区法院还拒绝采用由 Stevens 副总裁和设计总监提供的切斯特顿牌织品的销售企划，这样做也是恰当的。在这里这证词完全缺乏文件支持，证人也没有提供企划的相关背景，因而法院无法衡量该企划的可信度。

然而地区法院确实应该给予损害赔偿，该损害赔偿额是 Stevens 本可以因出卖织品给同时购买了 Stevens 织品和 Mastercraft 织品的客户而获得的利润，或者是根据切斯特顿牌织品和 Stevens 其他产品的平均销量之间的差额计算得出的利润损失，取两者中较多者。对于第一种方法，诚然我们也不能确定如果没有侵权产品这 24 个客户本来会向 Stevens 而不是 Mastercraft 购买织品。然而我们有理由相信 Stevens 的这些客户需要这类织品并且不再购买切斯特顿牌织品转而去购买更便宜的侵权织品。尽管 Stevens 不太可能做成每一笔现在归 Mastercraft 的交易，但我们相信只要 Stevens 证明其受到了侵害，那么举证责任就转移到了 Mastercraft 这一边。Mastercraft 要证明如果没有侵权，购买了其织品的切斯特顿牌织品的客户不会只从 Stevens 购买所有的布料。

关于第二个可行的方法，我们认为至少 Stevens 有权取得根据切斯特顿牌织品与侵权织品竞争时的销量和同期其他产品销量的差额所得出的利润损失。我们认为更合适的是比较切斯特顿牌织品的销量和不包括切斯特顿牌织品的其他产品销量，因为切斯特顿牌织品销量明显地受到侵权产品的影响，而讨论损害赔偿的目的就是要确定如果没有侵权行为会取得什么样的销量。因此根据这种方法，地区法院可以判给 Stevens 的利润损失是：基于 1979 年切斯特顿牌织品销量 4% 的增长量与同期 Stevens 其他织品销量 30% 的增长量之差，和 1980 年的前半年中切斯特顿牌织品销量 64% 的减少量和同期 Stevens 其他织品销量 12% 的减少量之差。

因此我们必须将案件发回地区法院让其确定损害赔偿的数额。根据上述两种方法中的第一种，应被给予的损害赔偿的数额是本可以卖给那些购买了侵权织品的顾客更多切斯特顿牌织品而得到的利润减去 Mastercraft 能够证明的 Stevens 无法获得的利润。另一种方法中利润损失的确定根据的是切斯特顿牌织品在涉案时间内的销售量和同期该公司其他织品的销售量的差额。在根据上述两种方法计算确定损害赔偿的数额后，法院应判给 Stevens 两者中数额较大的那一个损害赔偿额。

最后，在重审时法院应该考虑判给原告附加的损害赔偿，依据是 Stevens 提供的 Mastercraft 的发票，这些发票上的日期是在提出禁令申请之后。Mastercraft 在上诉时辩称，Stevens 没有在初审时要求这些损害赔偿，那初审的记录显然与其主张相背。Stevens 将这些发票作为证据提供给法院，并且还就发票向 Mastercraft 的雇员发问。Mastercraft 也意识到了这些发票可以作为损害赔偿证明的可能性，因为它提出发票上的日期不是发货日期而是出票日期。地区法院没有对这些交易做进一步调查。对于这些发票所涉及的交易，Mastercraft 不能证明它们是在给予初步禁令之前进行的，因此这部分总收入应该判给 Stevens。

评论：

在著作权案件司法实践中，著作权侵权损害赔偿的认定一般是贯彻全面赔偿原则及法定赔偿原则。全部赔偿原则，是指著作权损害赔偿责任的范围，应当以加害人侵权行为所造成损害的财产损失范围为标准，承担全部责任。也就是说侵权行为所造成的损失应当全部赔偿，赔偿应以侵权行为所造成的损失为限。因此赔偿损失的功能主要是利益的“弥补”和“填平”；所以就要求以受害人的全部损失或损害为标准来赔偿。法定赔偿原则，在权利人的实际损失和侵权人的违法所无法确定的情况下，由审判考虑各方面综合酌定损失赔偿额。一般应当考虑以下要素：（1）通常情况下，原告可能的损失或被告可能的获利；（2）作品的类型，合理许可使用费，作品的知名度和市场价值，权利人的知名度，作品的独创性程度等；（3）侵权人的主观过错、侵权方式、时间、范围、后果等。

著作权侵权损害赔偿的范围，按照全部赔偿原则，即指因侵权造成著作权权利人全部实际损失的范围。凡侵权损失，不外乎是指侵权行为造成权利人现有财产的减少或丧失，以及可得利益的减少或丧失。通常又分为侵权损害的直接损失和间接损失。除了著作权造成的财产损失外，著作权的损害赔偿还包括著作权人身精神权益的精神损害赔偿。

1. 直接损失，即指：① 对侵权直接造成的著作权使用费等收益减少或丧失的损失；② 因调查、制止和消除不法侵权行为而支出的合理费用；③ 因侵犯著作权人身精神权益而造成的财产损失。

2. 间接损失，即指权利人受到侵害的著作权在一定范围内的未来财产利益的损失。著作权的间接损失是由于造成了权利人不能正常利用该著作权进行经营活动而遭受的。

3. 精神损害，著作权人身精神权益的赔偿主要指著作权的精神损害的赔偿。在侵权人侵犯著作权人人身权或者表演者人身权情节严重情形下，法院可以判令侵权人向著作权人或表演者支付一定数额的精神损害抚慰金。

Cream Records, Inc. v. Jos. Schlitz Brewing Co.
754 F. 2d 826 (1985)
美国联邦第九巡回法院

案由：

原告作为版权所有者对 Jos. Schlitz Brewing Co. （以下简称"Brewing"）及广告代理商 Benton 公司提起诉讼，称 Brewing 在其麦芽酒电视广告中的乐曲侵犯了原告一首歌曲的版权。Brewing 曾向原告发出许可申请，要求在商业广告中使用原告某首乐曲一年。原告报出 100 000 美元的许可费，双方没有达成协议。另一家公司也与原告接洽希望得到许可，但在 Brewing 的广告播出后打消了这个念头。有证据表明在商业广告中使用一首广为人知的流行歌曲会完全破坏其他广告客户为了同样目的使用该歌曲而使其具有的价值。

在陪审团认定存在侵权后，美国联邦地区法院判决给予版权所有者 17 000 美元的损害赔偿，其中 12 000 美元的损害赔偿是用来弥补其损失的许可费。法院认为，使用整首歌曲一年的许可费是 80 000 美元，而被告的广告仅仅使用了该歌曲的一小部分，因此该部分使用的合理的许可费应该是整首歌曲许可使用费的 15% 。

原告上诉。上诉法院判决：（1）因为对该歌曲未经授权的使用完全破坏了该版权作品因被许可而具有的价值，版权所有者有权得到该歌曲被许可使用一年的价值。（2）地区法院判定的 Brewing 公司因侵权所获的利润是有证据支持的。（3）地区法院应从广告代理商因使用该歌曲而取得的利润中确定一个适当的比例，以单独估定广告代理商应承担的损害赔偿责任。

法院意见：

法院面对的唯一证据是在被告公司的广告中擅自使用该乐曲使得原告丧失许可他人以同样目的使用该乐曲的机会。没有证据证明 Brewing 曾试图获得使用乐曲一部分的许可，或者原告愿意给予这样的部分许可。同样无法证明部分使用许可的价值小于整首歌曲的使用许可的价值，或者部分使用对原告许可他人使用的机会的毁灭性影响更小。因为被告未经授权的使用完全破坏了该版权作品许可他人使用的价值，原告有权就该价值取得损害赔偿。

根据《版权法》第 504 条第（b）款 的规定，除了可得到因侵权而遭受的实际损害赔偿，版权所有者还可以取得没有被计算在实际的损害赔偿之内的侵权者因侵权活动而得到的利润。该法还界定并分配了举证责任，规定“在确定侵权者的获利时，版权所有者要证明侵权者的毛收益，而侵权者要证明可扣除的费用和其他导致获利的未侵权因素”。

原告证明被告在侵权广告播出期间麦芽酒的利润是 4 876 000 美元。原告要求得到可归因于侵权活动的利润 66 800 美元。原告主张，侵权广告的费用占到该年被告总广告预算的 13.7%，而该侵权乐曲对该广告的贡献大致为 10%，因此 1.37% 的利润可归功于该侵权活动。

地区法院的结论是该侵权是微不足道的，侵权作品并没有实质性地增加商业广告的价值。然而法院还认为该商业广告是成功的，因为“被告卖出了麦芽酒”，而“该乐曲显然对此有一定贡献”。法院接着论述，“尽管被告取得的利润有些可归于侵权活动，但我认为这部分利润是微不足道的。被告的利润是近 5 百万美元，其千分之一不过是 5 000 美元，因此会把这 5 000 美元算为损害赔偿之内。”

原告指出，既然其已经证明了被告销售麦芽酒的总利润，那么就该由被告来证明不可归因于该侵权的那部分利润，而被告没有提出任何证据，那么原告有权获得它所寻求的那部分利润。原告主张法院仅判给其一个较小数额的损害赔偿，完全是一种专断的没有任何证据支持的行为。

被告答辩说，原告没能证明麦芽酒的利润有任何部分可归因于该商业广告，因此无权分享利润。从法官的陈述中可以清楚地发现法院从陪审团的裁决和证据中得出确实有些麦芽酒的利润应该归功于在商业广告中使用了原告的版权作品。法院认定了可归功于侵权作品的利润份额并判给原告相当于总利润千分之一的损害赔偿额。

我们驳回原告的主张。尽管制定法把证明“除版权作品外导致获利的其他因素”的举证责任加到侵权人头上，但很显然在本案中并不是所有的利润都可归功于侵权作品，版权所有者不能仅仅因为侵权者无法确切证明可归因于非侵权因素的利润份额就有权得到所有的利润。“在如同本案的案件中，侵权者的利润不能全部归因于侵权，并且证据表明有必要做一合理的划分，那么法院有责任对利润进行分配。”

但我们避免因为被告无法确切计算出属于他们自己的份额就给予原告一切。在原告没能确切证明其损失的案件中，我们总是尽可能做最准确的估计，即便这不过是一种猜测。

原告仅主张被告的麦芽酒利润的1.37%，说明其自己也意识到被告的所有利润都判给自己是不合适的。可归因于该侵权作品的利润额“是一个合理推断出来的近似值”。原告的计算结果不比法院的更具有确定性。两者数额上的差异与其说是计算方法上的差异，不如说是在该商业广告侵犯版权的程度和该版权作品对该商业广告的效果这两个问题上双方分歧的体现，而这些问题应是留给法院决断的。

当事各方都同意有关损害赔偿和利润的争议由法院解决。陪审团的裁决也没有决定该商业广告侵犯原告版权的程度。尽管可能不利于原告，法院关于事实的认定却没有和陪审团的认定相冲突。

原告还要求获得Benton公司从该电视广告中获得的全部利润，地区法院没有支持。在宣告判决时法院一开始忽略了对Benton公司的有关主张。当被提醒注意该遗漏时，法院指出，“法院实际上把该项主张和对被告的利润赔偿要求合并到一起。我不能给你比我所判决的更多。减去从啤酒公司得到的利润赔偿，剩下的就是Benton公司的利润”。

如果法院的意思是把广告公司的利润归到雇其做广告的啤酒公司的利润中，这显然是不合适的。事实上，广告公司的利润必然被排除在对雇主公司的利润赔偿请求之外，因为依第504条第（b）款被告必然被允许减去其付给广告公司的钱以计算其实际利润。

为了避免让Benton公司因非法使用原告的版权作品而得到不该有的利益，地区法院必须单独估算出Benton公司应该承担的损害赔偿额——Benton公司因使用该侵权乐曲得到的利润中一个合理部分。此外还应判给原告上诉费用包括由地区法院决定的合理律师费。

推翻原判，发回初审法院让其对与本庭意见不一致的部分进行进一步审理。

评论：

在实践中，确定著作权侵权损害赔偿额的主要方法是：（1）权利人的实际损失；（2）侵权人的违法所得；（3）法定赔偿。

一般而言，权利人的实际损失是法院确定赔偿额的主要方法，因为该方法能最直接地体现全面赔偿原则，能够有效弥补侵权行为给权利人造成的损失，同时该方法相对易于操作。法院可以考虑以下因素来确定具体损失数额：（1）被告侵权使原告利润减少的数额；（2）被告以报刊、图书出版或类似方式侵权的，可参照有关稿酬的规定；（3）原告合理的许可使用费；（4）原告复制品销量减少的数量乘以该复制品每件利润之积；（5）被告侵权复制品数量乘以原告每件复制品利润之积；（6）因被告侵权导致原告许可使用合同不能履行或难以正常履行产生的预期利润损失；（7）因被告侵权导致原告作品价值下降产生的损失。

侵权人的违法所得主要包括三种情况：（1）产品销售利润；（2）营业利润；（3）净利润。一般情况下，应当以被告营业利润作为赔偿数额。被告侵权情节或者后果严重的，可以产品销售利润作为赔偿数额。侵权情节轻微，且诉讼期间已经主动停止侵权的，可以净利润作为赔偿数额。司法实践中，较少适用侵权人违法所得的计算方法，主要原因在于一般被告拒不提交获利的相关证据，使其营利情况难以查清。因此，必须加大被告的举证责任，应当由原告初步举证证明被告侵权所得，或者阐述合理理由后，由被告举证反驳；被告没有证据，或者证据不足以证明其事实主张的，可以支持原告的主张。

按照我国《著作权法》的规定，权利人的实际损失或者侵权人的违法所得不能确定的，由法院根据侵权行为的情节，判决给予五十万元以下的赔偿。法定赔偿方法在审判实践中的相对广泛适用，从一个方面说明了确定著作权侵权损害赔偿额的难度，法官根据各种因素酌定一个合理数额，不失为提高审判效率、又做到相对公平的好方法，其在损害赔偿中的重要作用已不言而喻。但是，有必要对如何在法定幅度内确定具体的赔偿额予以必要的规范，防止使法定赔偿成为随意性赔偿。法定赔偿的适用条件应该严格把握，其在赔偿方法中所占的比例应逐步减小。法定赔偿应当根据以下因素综合确定赔偿数额：（1）通常情况下，原告可能的损失或被告可能的获利；（2）作品的类型，合理许可使用费，作品的知名度和市场价值，权利人的知名度，作品的独创性程度等；（3）侵权人的主观过错、侵权方式、时间、范围、后果等。法定赔偿适用法定赔偿方法，一般以每件作品作为计算单位。但是对于目前我国法定赔偿即五十万元人民币的数额是否合理，尚有很大争论，最新出台的《著作权法》修改草案也提出拟增加法定赔偿数额。

第六章

版权的限制

第一节　首次销售原则

Quality King Distributors, Inc. v. L'Anza Research International, Inc. 98 F. 3d 1109 (1998)

美国联邦最高法院

案由:

L'Anza位于加州，制造和直销洗发与护发产品。L'Anza只将其产品排他性的销售给特定分销商，该分销商必须同意只是在特定区域内和向特定零售商出售。此外，L'Anza公司也投注了很多资金来培训零售商，但是仅投入了少数的资金用于国际市场开发。L'Anza在英国的分销商曾与一个位于马耳他的经销商签约，允许后者在当地推销被告的产品，而且这些产品上均附有含美国版权的标签或标记。请求人从该马耳他的经销商处购得了原告的产品，然后再将之输回到美国出售，并且是通过一些不是由原告建立的非正常渠道例如平价商店来以低价促销。L'Anza公司认为请求人侵害了其在1976年《版权法》下的排他性权利，即在美国境内复制和发行受到版权保护作品的权利。

请求人则主张原告版权经第一次销售已经耗尽。但是，地区法院拒绝适用请求人主张的“首次销售原则”，支持L'Anza胜诉。上诉法院维持了地区法院的判决。法院认为，如果原告版权在世界任何地区的第一次销售都足以让其版权耗尽，则《版权法》第602条赋予版权人的排除未经授权进口的规定便形同虚设。联邦最高法院针对本案案情推翻了下级法院的判决，请求人胜诉。

法院意见：

在 Bobbs-Merrill Co. v. Straus，210 U. S. 339 一案中，联邦最高法院判定版权所有人的排他性销售权只适用于第一次销售。国会之后将这一首次销售原则予以立法。《版权法》第 106 条第（3）款规定版权所有人有排他性的权利禁止他人以销售或和其他转移所有权的方式来发行复制品，但是第 109 条第（a）款规定："尽管有第 106 条第（3）款的上述规定，一个特定复制品的合法所有人有权未经版权所有人许可，销售或者以其他方式来处理该复制品的占有。"

《版权法》第 602 条第（a）款所赋予给版权人的进口权并不适用于已经依合法方式取得该著作物的所有权人（版权人之外的他人）再进口该著作物的情形，不论该所有权人是在国内或国外取得都是如此。这是因为《版权法》并未授权版权人禁止所有关于其著作物的进口，而只是把禁止的范围界定在"依第 106 条"所赋予的专属权利之内。而第 106 条所规定的各项著作财产权又受到第 107 条到 120 条所定之各项例外的限制，其中也就自然包含了第 109 条所定的首次销售原则。因此，一旦根据第 106 条所产生的版权经过了第一次的销售，以后任何的其他购买者就是该作品的所有人，都可以任意处置该作品，不受《版权法》第 602 条对进口的限制。因此，在本案中，L'Anza 公司产品的合法所有人，无论是在美国的境内或境外购得该产品，均可以进口至美国并在美国境内自由转让。

L'Anza 方面提出了三项主张：（1）《版权法》第 602 条第（a）款所给予版权人对其作品的进口保护，尤其是其中的三项例外，如仍受首次销售原则的限制，则将完全失去意义。但是，最高法院指出，这一主张未能充分解释在第 602 条（a）款中之所以规定"根据第 106 条"的原因。即使第 602 条第（a）款只适用于盗版作品，至少其已经针对进口者提供了私力救济，而第 602 条第（b）款的执行则有赖于海关。而且，第 109 条第（a）款的保护仅仅是对一个合法途径制作的复制品的"所有者"而言，首次销售原则将不会为根据第 602 条第（a）款提起针对一个非"所有者"的主体例如受托人提供抗辩理由。第 602 条与第 109 条所涵盖的范围并不一致，而是以前者更为广泛。这是因为将附有在其他国家产生的版权之著作物进口仍需受第 602 条的限制之故，从而第 602 条规定也自不会因受第 109 条的使用限制而完全失去意义。

L'Anza 的第二项主张为：《版权法》第 501 条所定义的"侵权人"应是分别包括了违反第 106 条和违反第 602 条的进口在内；既然把进口行为

单列，进口行为和其他违反106条的行为就具有不同属性，因此不受到第109条第（a）款的约束。法院没有接受这一主张。法院认为，虽然对第602条和第109条的违反在性质上略有不同，但《版权法》已明文规定对进口的侵权仍是视为对第106条所规定专属权利的侵害，而且第106条项下的权利受到第107条到第120条的拘束。

L'Anza的第三项主张为："进口"不属于第109条第（a）款规定的"销售或以其他方式处置复制品的占有"形式。但是对于该条款的普通解释就应该包括"进口"。首次销售原则的主旨就是一旦版权所有人将其作品通过销售等方式置于商业流动之中，版权所有人就穷尽了其所有发行权。没有理由将"进口"排除在第109条第（a）款所规定的范围之外。

评论：

美国1976年《版权法》一方面在第106条规定了众多的专属权利，另一方面，又在第109条对版权所有人享有的专属权给予诸多的限制。尤其是第109条第（a）款，专门对发行权给予限制，该条称："虽有第106条第（3）款之规定，依据本法合法制作的特定复制品或录音制品的所有人，或该所有人授权之任何人，有权不经版权所有人许可而出售该复制品或录音制品，或以其他方式处置其占有。"该条款确立了版权的"首次销售"原则，或被称为"发行权穷竭"或"销售权穷竭"。

与第106条第（3）款所规定的首次销售原则针锋相对的是第602条第（a）款所规定的进口权。第602条第（a）款规定："未经本法规定的版权所有人许可，进口自美国境外获得的作品之复制品或录音制品，侵犯第106条规定的发行复制品或者录音制品专有权的，依第501条规定系可起诉的行为……"。

版权平行进口，是指不受某一国版权权利人控制的独立进口商，从境外购买在该地区合法出售的产品，未经本国权利人许可，将该产品进口至本国并再次销售的行为。由于该进口行为与本国的版权权利人的正常进口行为相对平行，故称"平行进口"。

本案是美国法中一个具有里程碑意义的版权平行进口案。原审原告L'Anza试图依赖与其国内分销商之间的合同约定，来限制他们只能将产品销售给经过授权的零售渠道。原审被告没有获得此授权，它在境外购买到版权产品后又返销回美国。正是该案澄清了涉及版权法上的发行权、首次销售以及进口权之间的关系，及其在平行进口中的适用。该案历经三级审理，最终以联邦最高法院全体法官一致意见，推翻初审地区法院和巡回上诉法院的判决，判定原审被告胜诉。法院认为，第 109 条第（a）款所称的“依据本法合法制作”实际是指“在美国境内合法制作”之意。因此，在美国，经授权合法制作的复制品或录音制品，只有在同时满足产自美国，首次销售于美国的双重条件下，美国版权所有人的版权才告耗尽，平行进口商方可援引第 109 条第（a）款之规定对抗第 602 条第（a）款所确定的进口权。

第二节　合 理 使 用

Harper & Row Publishers, Inc. v. Nation Enterprises
471 U. S. 539 (1985)
美国联邦最高法院

案由：

1977 年 2 月，Gerald R. Ford 总统离开白宫不久，就与上诉人 Harper & Row 和 Reader's Digest 签订了协议，授权后者发行其将要撰写的回忆录。这部回忆录将包括“迄今尚未公开的重要资料”。这些资料是关于水门事件的，包括 Ford 对前任总统 Nixon 致歉以及该历史时期等的思考。依据协议，上诉人不但拥有以书的形式发行 Ford 回忆录的权利，还拥有在书籍出版前发行书籍内容摘要的排他性权利。两年后，在回忆录的撰写接近尾声时，上诉人与 Time（一家新闻周刊）签订了发行前许可协议。为了获得发行 Ford 对 Nixon 的致歉所作的 7 500 字说明的权利，Time 同意支付 $ 25 000，预付 $ 12 500，剩下的 $ 12 500 于发行时付清。该摘要将于全书发送到各个书店的近一周前问世。排他性权利是各方考虑的重点；Harper & Row 制定了维持原稿保密性的程序，并保留了当手稿内容在摘要发行前以印刷品的形式出现时，再次商定余款的权利。

在 Time 的文章计划发行的两到三周前，*The Nation* 杂志从一个不知名的渠道获得了一篇此前从来没有被披露过的名为“A time to heal”的文章。该杂志编辑明知其是未经授权占有原稿，但他还是匆忙炮制了一个所谓的“热点新闻故事”，并赶在 Time 杂志发表福特自传之前将其发表出来。因为 Nation 的这篇文章，Time 取消了与版权所有人之间的购买协议，并且拒绝偿付余款 $ 12 500。

法院意见：

地区法院认为被告侵害了原告的版权，应当承担责任；上诉法院认定被告的行为属于“合理使用”，故推翻了地区法院判决；最高法院推翻了上诉法院的判决，理由如下：（1）*The Nations* 的主要目的确实是新闻报道，但其动机是夺取版权所有人 First Serial Right 的商业价值；（2）Ford 的手稿是一件尚未公开发表的作品，在这种情况下，控制首次公开发表其表达的权利比他人对作品的合理使用权利要更为重要；（3）从绝对数量上说，实际引用的词语仅仅是“A Time to Heal”微不足道的一部分，然而，这部分在实质上却是书的核心部分；（4）*The Nation* 的复制行为对版权作品的潜在市场和 first serial rights 的市场价值构成了重要的损害。因此，*The Nation* 对来自于 Ford 未公开手稿的逐字引用并不构成合理使用。

本案要求我们考虑 1976 年《版权法》中的“合理使用”条款在多大程度上允许不经授权而引用公众人物未发表的手稿。

I

第二巡回法院推翻了地区法院的判决。大多数法官认为，Ford 先生对原始资料的评述指点确实是其原创的“表达方式”，受版权法保护。地区法院认为，回忆录中不受版权保护的事实因为与 Ford 的评价构成了一个整体，因而这些事实就作为整体的一部分也受到版权的保护。上诉法院认为此观点是错误的。大多数法官认为：版权保护的对象是表达方式，而不是事实或者想法；为了防止对于历史和新闻事实的版权垄断，这类作品中“表达方式”应当被限制为最基础的成分——文字本身的选择和排列。因此，对于原作和利用原作完成的新作，在判断后一个作品作者使用原作内容到底属于合理使用还是侵害了版权时，应当忽略这两部作品间由于后者利用了原作中不受版权保护内容而产生的相似性，例如对于历史事实、备忘录、其他公共文件以及第三方评论的利用。*The Nation* 发表的这篇文章，去掉不受版权保护内容之后，最多还有约 300 字的内容是受版权保护的。剩余的段落和零散的短语都是从尚未发表的回忆录中逐字逐句复制下来的。该文章所用内容中有一小段 Ford 与 Henry Kissinger 以及其他几个人的对话。Ford 对辞职和道歉后患病的 Nixon 及其性格特征的描述构成了文章的主要部分。这部分是法院在判断 *The Nation* 的行为是否构成“合理使用”时审查的对象。

用第 107 条列举的四个因素来分析本案，上诉法院法官认为：文章的目的是“新闻报道”；原作本质上属于事实性质；300 字相对于一篇

2 250 字的文章来说并不是实质性的部分；该文章对于原作市场的影响很小，因为没有证据证明是由于该文章对原作表达方式的有限使用导致了 Time 撤销协议。*The Nation* 逐字逐句的引用旨在“为了更好地宣传事实而增加这些具有重大政治意义的材料的真实性”。上诉法院认可原作品“政治意义重大”的性质，并且认定“版权法并不会阻止对于某些知识的使用，如果这些知识对于一个民主国家的发展是必需的”，“版权法也不会禁止对于受版权保护作品的有限使用，否则会降低媒体活动的积极性”。

II

本法院和上诉法院均认可：版权旨在促进而不是阻碍知识的延伸应用。但是本法院认为，上诉法院没有充分尊重版权法促进原创作品的意图，正是这些原创作品为知识的延伸应用提供了基础和物质条件。版权法中规定的权利旨在保证为积累知识的人提供合理的回报。

宪法中的专利和版权条款规定：“国会有权通过规定作者和发明人在一定期限内享有对其作品和发现的排他性权利，以促进科学和实用性艺术的发展。”这种有限的授权是实现一个重要公共目的的手段。这种授权意图通过规定特殊的回报来激发作者和发明者的创造性，只有当作者和发明者的排他性控制期限届满之后，公众才能够使用他们的作品或者发明。“由版权法所产生的专利权是为了公众的利益而对各个作者进行回报。”这个原则平等地适用于虚构和现实作品。例如本案所涉书籍，撰写用了两年时间，作者一开始就签署合同将其版权转让给发行商，条件是发行商要制作和营销这部作品。为了撰写其回忆录，Ford 先生起草了一些关于公众人物的文章，并且录制了成百上千的访谈，这些访谈磁带中的内容后来按时间顺序被整理为他的观点。很明显，版权法规定的垄断权旨在促进具有潜在历史价值的新作品的创作。

《版权法》第 106 条赋予了版权所有人许多排他性权利。依据《版权法》，这些发行、复制和销售作者作品的权利于作品诞生时起就赋予原作作者。在实践中，作者通常将其权利出售给发行商，发行商则负责制作和营销作品并支付版税。但是版权所有人的权利要受法律规定的例外情况的限制。其中之一就是《版权法》第 107 条规定的“合理使用”例外。而且，没有作者能够为事实或者想法设定版权保护。版权保护的对象仅限于作品的“表达方式”，正是“表达方式”体现了作者的原创性。

III

A

“合理使用”在传统上被定义为“版权所有人以外的其他人享有的某种特权，根据该项特权其他人可以不经过版权所有人同意而以合理的方式使用该受版权保护的材料”。《版权法》中对于合理使用的抗辩的法定阐述，反映了国会将这一普通法规则法典化的意图。关于某项特定的使用是否属于合理使用的判定必须针对每一个具体案件作出，且该法案还特别提出了在判断中应当考虑的四个非排他性因素。这一处理方法是为了对已经存在的关于合理使用的司法规则进行重新阐述，而不是以任何方式改变、限制或扩大既存的规则。

作者对于其享有版权的作品进行合理使用的同意，一直被法庭默认为以促进科学和有益于人文学科的进步为目标的宪法政策的必要附带条件，因为对此类使用的禁止将阻碍后来的作者们在之前作品的基础之上进行改进的尝试，从而影响所追求的这些特定目标的实现。

早在1841年，斯托里法官就在一个与前总统 Georg Washington 信件有关的案件中，对该项规则给予了司法承认。“一个评论者可以正当的大量引用原作，如果他的构思的确是以正当而合理的评论为目的而使用这些文章。另一方面，同样明确的是，如果他因此而引用了该作品最为重要的部分，却不是为了评论，而是以替代原作品的使用并取代对它的评论为目的，这样的使用在法律上就将被视为非法翻印。”正如斯托里法官假设性的举例所阐明的，合理使用规则一直以来都杜绝“替代原作品使用”的使用。

也许因为合理使用规则是基于作者在为公众消费而发行其作品时，对“合理和通常”使用的默示同意，合理使用在传统上并不被视为对抄袭其他作者尚未发行的作品指控的抗辩。在普通法的版权概念下，“作者在其智力创造物中享有的财产权是绝对的，除非他主动地放弃该权利”。但是，这项绝对性的规则，在实践中为合理使用规则的衡平法性质所缓和。在一个特定的案件中，某些因素如通过事实上在演出中公布或者作品的传播而实现的默示同意等，可能会使衡平法的天平向着有利于出版前使用的方向倾斜。但是，“原告的作品尚未公开发行的事实是一个倾向于否定合理使用的抗辩因素”，这一点从未受到过严重的质疑。在作者授权传播以前对作者表达的发行，严重侵害了作者决定何时以及是否将其公之于众的权利，这是一个在已发行作品的合理使用中不存在的因素。

然而，被上诉人主张，国会在第106条所列举的权利中将初次发行包括在内，而根据第107条，初次发行是明示的隶属于合理使用的；国会这样做的意图是，合理使用可以相关的适用于已发行和未发行的作品。但是，《版权法》并不支持被上诉人这一主张。

像第106条所列举的其他权利一样，虽然初次发行的权利被明示规定隶属于第107条的合理使用条款，合理使用的分析必须根据每个具体案件的需要进行调整。面临危险的利益的性质与该特定的使用是否合理高度相关。从一开始，那些受到委托从事该法案修订的人们就承认“有超出平衡所需的理由来保留普通法对未传播作品的保护，直到作者或其继承人选择披露它们”。初次发行的权利意味着作者关于是否以及以何种形式发表其作品的最初的决定。初次发行与第106条列举的其他权利的固有不同在于，只有一个人可以成为第一个发行人。正如与Time的合同所示，该权利的商业价值主要就在于其排他性。由于在司法上强制性地将初次发行权与未获授权的原稿使用者“分享”对作者造成了实质性的损害，在评价这样一个合理使用的主张时，衡平法的天平不可避免地发生了变动。

参议院的立法报告确认了国会意图使作品尚未发行的性质在合理使用分析中发挥显著的作用。在合理使用中，一个虽不一定是决定性的却是关键性的因素就是：该作品是否可以向潜在的使用者提供。如果该作品是已绝版的，并且通过正常渠道无法购得，使用者就有更加正当的理由对其进行复制。合理使用规则对于未发行作品的适用性受到严格的限制，因为尽管该作品难以取得，这也是由作者作出的深思熟虑的选择的结果。我们的结论是，一件作品尚未发行的性质是“一项关键的，虽不一定是决定性的因素”，该因素倾向于否定一项以合理使用为由的抗辩。

被上诉人还主张，合理使用可以产生于一份即将发行的原稿。这项主张的假定前提是，受到版权保护的材料的未发行性质仅仅与信件或其他秘密的不打算传播的作品有关。的确，普通法上的版权经常被用于个人隐私的保护。然而，从它的商业外观上来看，一个作者选择何时发行其作品的权利也应当得到同样的保护。包括作品的开始、准备和为向公众传播而进行修饰在内的整个期间，对于任何文学创作活动来说都是至关重要的。版权法给予了作者对其作品“控制初次公开发行的权利”，响应了普通法对于作者或版权所有人在这段关键时期保有控制权的关注。确保作者享有自由发展他们思想的闲暇，且不受到被剥夺的恐惧的影响，显然是作者和公众共同的利益，该利益重于任何对作者的表达的过早发行所带来的短期的“新闻价值”。普通法给予即将发行的作品的绝对保护“由于它的简洁和方便被证明是正当的”。作者对初次公开发行的控制不仅仅包含着他在控制中的个人利益，还包含着他在使用发行前权利的过程中的个人财产利益，这些利益不仅对他们自身具有价值，同时对于宣传和营销来说也是非常有价值的辅助手段。在通常情况下，作者控制其尚未传播的表达的第一次公开亮相的权利，在价值上会超过合理使用的主张。

B

然而，被上诉人主张，(宪法) 第一修正案的价值观念要求在本案的情况下应当有不同的规则。这一结论的要旨在于，“当被传递的信息与公众高度关注的事件有关时，合理使用的范围无疑应当更加广泛”。被上诉人提出，福特总统回忆录题材有重大公众意义。被上诉人将其抄袭福特先生表达的行为解释为——这对于报道这本书本身所讲述的新闻故事极为重要。在被上诉人看来，不仅仅是福特先生回忆录中的事实，而且是“他表达自己思想的精确方式与他不得不说的内容具有相等的新闻价值”。被上诉人申辩，公众尽可能快地了解到该新闻的利益，比作者控制其作品的首次发行的权利更加重要。

第二巡回法院正确地指出，版权的思想/表达二分法“通过在允许对事实的自由传播的同时仍然保护作者的表达方式，在（宪法）第一修正案和版权法之间达到了一个精确的平衡”。没有作者能够使他的思想或他叙述的事实受到版权的保护。正如本法院很久以前曾经提到过的：“新闻的要素——包含在文学作品中的关于当前发生的事件的信息——并不是作者的创造物，而是对于通常是公用财产的事件的报道。它是当天的历史。”但是版权为那些写作和出版像“*A Time to Heal*”那样真实故事的人提供保障，使他们至少能够享有出售其中所包含的原创表达的权利，作为他们的投入所应得的补偿。

然而，被上诉人的理论会把合理使用的范围扩大，甚至达到有效的摧毁关于公众人物的作品的版权保护的程度。没有这样的保护，几乎不会再有对创作此类回忆录的激励，资助这些回忆录也再无利润可言，公众也将丧失一个获得具有重大意义的历史信息的重要渠道。如果仅仅通过把对版权的侵犯称为对这本书进行“新闻报道”的合理使用就能够规避版权法，版权的承诺也将成为空谈。

被上诉人也没有提出任何与本案中争议的作品和使用者的类型相关的、绕开版权体系的实际必要性。当作者和发行人已经为创作一件原创作品投入了大量的资源，并且已经做好准备将其向公众发行的时候，抢先夺取初次发行的权利不符合任何合法的目的。作者选择用来表达他的故事的词语本身就可能“具有新闻价值”的事实，不是在发行前就未经授权地复制作者的表达的独立的正当理由。重新表述第二巡回法院最近的另一个判决：

“被上诉人拥有为取悦其读者而使用回忆录中披露的任何事实信息的不受约束的权利，但它可以通过使用真实原稿的某些部分来主张没有整体的盗用福特先生对该信息的‘表达’的需要。公众对于自由的信息的兴趣，通过法律拒绝承认事实具有有效的版权而得到了保证。合理使用规则并不是公司盗窃的许可证，它不能授权法庭在认定基础的作品包含可能具有公共重要性的材料的任何时候，都可以忽视版权的存在。

当我们匆忙地传播新闻时，不应当忘记，（法律的）起草者们意图使版权本身成为自由表达的发动机。通过确立表达的可销售的权利，版权为创作和传播思想提供了经济上的激励。本法院在案中陈述道：‘使国会有权授予专利权和版权的条款背后的经济哲学是这样一个信念：通过个人的收益来鼓励个人努力，是利用“科学和有益的艺术”领域的作者和发明者的天才推进公共福利的最佳方法。’

在 In Twentieth Century Music Corp. v. Aiken 案中，本法院也曾指出，我们的版权法的直接效果是确保“作者”的创造性劳动能够获得公正的回报。但最终的目标是，通过这样的激励，为了普遍的公众利益激发有益的作品创作。给予那些对于公众非常重要的作品较少的权利与版权体系存在着根本不一致。这一看法忽视了版权的主要前提并且同时损害了作者和公众的利益。当传播的社会价值超过对艺术家的任何伤害时都应当允许合理使用的建议，就相当于提议当版权所有人的财产权利遇到能够为它们付账的使用者时，就应当剥夺这些权利。正如一个评论者曾经指出的那样，如果符合公共利益的每一卷书都能够被一个竞争的出版者非法翻印……，很快公众就将没有值得阅读的东西。

此外，思想和表达的自由既包括讲话的自由也包括拒绝发表任何言论的自由。我们并非暗示不发表言论的权利将会允许版权所有人将垄断权作为压制事实真相的工具加以滥用。但是，用纽约州富尔德大法官的话来说：“第一条修正案最基本的要旨在于防止对公众自发的思想表达的限制；当其他人希望想要发表言论或出版的人保持沉默时，它为这样的人提供庇护。在得到适当限制的范围之内，与之相伴的不公开发表言论的自由同样有必要存在，这一自由和作为其肯定的一面的言论自由都服务于一个共同的终极目标。”

法院和评论者们已经意识到，版权特别是初次发行的权利，是为与第一条修正案的价值相对抗的。考虑到第一条修正案的保护已经在版权法对表达和思想的区分中得到体现，以及考虑到合理使用传统上所承担的学术和评论的自由，我们没有发现存在正当的理由可以对合理使用规则进行扩展，以致使公众人物成为版权的例外。在特定案件中对公众人物的原稿一字不差地照抄是否合理，必须根据合理使用的传统衡平法规则作出裁判。

IV

合理使用是一个法律和事实的混合问题。即使地区法院已经找到足以评估每一个法律所规定的因素的事实，一个上诉法院“不需要发回做进一步的事实审理……但仍然可以仅仅依据法律而认定受质疑的使用并不构成版权作品的合理使用”。因此，*The Nation* 的文章是否构成了《版权法》第 107 条下的合理使用必须依据上面所讨论的原则来进行审查。该段条文中所列举的因素并非排他性的：“既然这一原则是衡平法的合理原则，因此，普遍使用的定义并不存在，每一个案件都需要根据各自的事实来进行判断。”国会确定的用于判断是否属于合理使用的四个因素如下：（1）使用的目的和特点；（2）版权作品的性质；（3）占到版权作品整个整体的相当一部分；（4）对版权作品的潜在市场或价值所产生的影响。对此，我们分别进行讨论。

（1）使用的目的。第二巡回法院正确的认定新闻报道是 The Nation 的主要目的。新闻报道是《版权法》第 107 条“为各种情况下可以被认定为合理使用的活动”所列举的例子之一。这里的列举并非意图穷尽所有情况，或是单列出任何预先规定的“合理”使用。法律的起草者们顶住了来自某些特殊利益集团要求创造一些预先设定的合理使用类别的压力，而将该条款设计成为一种需要进行个案分析的积极性防御措施。“第 107 条第一句话所提到的使用在特定情况下是否是合理使用取决于一些相关的决定性因素，包括那些在第二句中提到的因素。”一篇文章是“新闻”这一事实，仅仅是进行合理使用分析时考虑的因素之一。

我们同意第二巡回法院的观点，初审法庭在判定回忆录中包含的信息是否在事实上是面向公众的新闻时犯了错误。正如 Meskill 法官写到，“法院在判定什么是新闻而什么不是新闻时，必须谨慎。”“问题的关键不在于什么才构成‘新闻’，而是在于新闻报导的主张是否是侵犯有版权的表达的一项合理使用抗辩。” *The Nation* 有充分的权利去争取成为第一个发布信息的人，但是，*The Nation* 超越了仅仅报道不受版权保护的信息的范畴，并积极地利用首次公开其未经授权的一个名人的有版权的表达，来获得头条新闻的价值。

一部出版物不是非盈利性而是属于商业用途的事实，是有助于抗辩合理使用原则的独立因素之一。“对版权作品的商业使用首先就是对版权所有人所享有的垄断权利的不正当利用。” 在论证新闻报道的目的不是纯商业性质的时候，The Nation 彻底忽略了这一点。盈利与非盈利之区别的核心，并不是使用的动机是否仅仅是为了赚钱，而是使用者是否意欲在不付给通常价格的情况下从版权作品的利用中获利。

在评估特点和目的时，我们不能忽略 *The Nation* 承认的欲抢在即将上市的硬皮书和 Times 的摘要之前首先发布消息的目的。*The Nation* 的使用不仅仅是偶然的，而是怀有夺取版权所有人首次连载权的商业价值的目的。同样与使用“特点”相关的是“被告行为的正当性”。初审法院认定 *The Nation* 故意利用一份未经授权的手稿。与典型的合理使用主张不同的是，*The Nation* 甚至无法给出哪怕是虚构的授权来为自己辩护。像它的竞争对手 *News Weekly* 一样，*The Nation* 有权去投标争取从“A Time to Heal”一书中获取节选文字。合理使用“将一个真正的学者，与一个为私利而非法窃取他人作品的人区分开来”。

（2）版权作品的性质。版权法指引我们注意版权作品的性质。“A Time to Heal”可以被归类为尚未发表的历史性叙述或自传。与虚构作品和幻想相比，法律通常认为真实的作品更加有必要得到传播。

“即使在现实作品的领域内，根据事实和幻想的相对比例，各作品也有差别。因此，在什么程度上应当允许语言表达被复制以实现广泛传播其所写事实的目的，将会因个案而改变。”

一些写摘要的人从回忆录中引用一些文字，这是传递事实所必要的。例如，Ford 先生将白宫磁带形容为“冒着烟的枪”（意为确凿的证据），这一表述对其思想的表达来说是如此的不可或缺，以至于它已经成为了所欲表达思想不可分离的一部分。但是，*The Nation* 并没有仅仅止于分离出一些用语，相反，它还提取了主观描述和公众人物的描写，而这些文字的力量来源于作者的个性化表达方式。这样一种关注于一件作品最具表达性的因素的使用，已经超出了传播事实的必要程度。

一件作品是尚未发表这一事实，对于其“性质”而言至关重要。我们先前的讨论已经证明合理使用的范围在作品未经发表的情况下要窄一些。虽然甚至大段的引用已发表作品以及公开演讲或已通过媒体传播的讲演稿仍可能被视为合理使用，但在作品发表之前，作者控制首次公开发表其表达的权利比他人对作品的上述使用权利要更为重要。首次发表的权利不仅涵盖了选择是否发表的权利，还包括选择何时、何地、以何种形式来发表的权利。

在 Ford 先生手稿的案子中，版权所有者在保密上的利益是不可侵犯的；版权所有者已经签署合同要求“将手稿保密”，而且，还要求所有见过手稿的人都“签署协议为手稿保密”。版权所有者与 Time 的合同要求 Time 在文章发表 7 天之前将欲发表的稿件送给版权所有人审阅，而 *The Nation* 暗中进行的发表则没有给版权所有人这样进行创新或质量控制的机会。*The Nation* 的文章是仓促拼凑在一起的，而且有“一些错误”。一个如此清晰地侵害了版权所有人所享有保密性和对创新进行控制的利益的使用，实在难以被定性为“合理”。

（3）使用部分的数量和实质性程度。接下来，版权法指引我们根据版权作品的整体去检查使用部分的数量和实质性程度。从绝对意义上来说，实际上引用的词语仅仅是“A Time to Heal”微不足道的一部分。然而，地区法院认为，“The Nation 拿走了书实质上的核心部分”。我们相信上诉法院在推翻地区法院法官对于这一“拿走”的定性上犯了错误。一个编辑将这一章节描述为“整部手稿最有趣和激动人心的部分”。被实际引用的部分是由 Navasky 先生从这些章节中最重要的部分中挑选出来的。他作证说，他是逐字逐句的进行了引用，因为仅仅是复述这些信息不足以传递“Ford 想要表达自己的绝对确定性”；或是显示“这是来自于 Ford 总统”；或是传递原稿的“确定的质量”。简言之，Navasky 先生精确地引用了这些文字是因为这些文字实质上被刻上了 Ford 独特表达方式的印记。正如成文法所暗示的那样，“拿走”并不会因为其对于侵权作品来说是不重要的就可以得到赦免。正如 Hand 法官的精辟论断，“不会有剽窃者因为显示出自己的作品有多少部分不是抄袭而来就能得到原谅”。相反，对于原作者和意图通过利用别人有版权的表达而获利的剽窃者来说，侵权作品的相当一部分是逐字逐句抄来的这一事实，构成了被抄袭材料有实质性价值的证据。

仅就逐字的引用而言，从未发表手稿中直接拿走的部分至少占到了侵权作品的 13% 。*The Nation* 的文章是围绕作为最令人瞩目焦点的引用节选部分来进行架构的。根据节选在表达上的价值和它们在侵权作品中的关键地位，我们无法同意第二巡回法院认为“杂志拿走了 Ford 原始语言的一小部分，甚至是微不足道的一小部分”的观点。

（4）对市场的影响。最后，版权法还强调了“对版权作品的潜在市场或价值所产生的影响”。这无疑是合理使用原则中最重要的因素。“合理使用的正确适用，仅限于那些并没有在实质上损害了被复制作品的市场价值的复制行为。初审法院发现，本案的复制对于市场来说，不仅有潜在影响，而且已经产生了实际的影响。Time 取消了原计划的连载，并拒绝给付 12 500 美元的款项，这都是侵害行为的直接影响。然而，上诉法院认为，与从回忆录中“拿走”这一事实相反，记录并没有显示 Time 的违约和被告未经授权发表 Ford 的语言表达之间存在因果关系。

我们不同意上诉法院的这一观点。很少有像本案这样存在如此清楚的实际损害证据的版权侵权案发生。原告向 Time 保证，1979 年 4 月 23 日之前，尚未公开的手稿不会有任何部分得到授权而发表。而且，任何第一三章内容的公开都会使得 Time 有权重新商定其最后的付款金额。Time 引用了 *The Nation* 包含了从未公开的手稿中逐字逐句引用的文章，作为自己违约的理由。至于从这一版权侵权行为中所获利益的分配，本法院已经认定，“除非侵权人能将其获利进行分离，并使被侵害的一方相信只有这一部分是本应属于被侵害方的，否则把侵权所获利益和非由侵权所获利益相混的侵权人，必须承担所有后果”。一旦版权所有人建立了侵害事实和盈利损失之间因果关系的合理可能性，则举证责任将由侵害人来负担证明，即使没有受版权保护的表达被拿走这一情况的发生，损失仍然会发生。原告建立了被告未能反驳的实际损害的初步案件。初审法院正确地判给了实际损害赔偿和利润损失。

更重要的是，要否认合理使用，一方只要显示受质疑的使用“如果得到广泛传播，则它将对版权作品的潜在市场将起到负面影响”即可。这一要求应当考虑不仅对原作品市场，而且对演绎作品市场的损害。“如果被告的作品对版权作品的任何权利（本案中为改写和连载的权利）造成了负面影响，则这种使用就不是合理的。”

毫无疑问，除了这里所讨论的逐字引用部分，*The Nation* 文章里的实质性材料完全来自于道歉信的那一章。这些节选是作为有关尼克松致歉故事中有特点的一段，而这一部分正是原告授权给 Time 的那一部分。借助于这些来自于未公开手稿的逐字引用，*The Nation* 的文章有了一种特殊的真实感——如 Navasky 所述，读者会明白，说话的人不是 *The Nation*，而是 Ford 本人。因此，*The Nation* 的文章直接参与了与已公开的节选文字的市场竞争。参议院报告指出：“虽然有一些例外情况，但一种占据了某件版权作品市场中任何份额的使用，都将被视为侵权。”

从更广阔的角度去看，合理使用原则允许未经版权所有人的同意而对已发表作品进行广泛引用，通常来说，这对首次连载权的市场价值构成了重要的潜在损害。“相互独立的微小侵权事件，如果发生许多次，则总体而言会产生必须加以制止的重大影响。”

V

上诉法院判定，由于公众对这一主题的兴趣，*The Nation* 对有版权的材料的使用是可以得到原谅的，这一判定显然是错误的。上诉法院还犯了同样的错误，忽略了未公开作品的性质以及在合理使用的理由下，允许未经授权的出版前摘录对潜在市场所产生的冲击。最后，在认定“拿走”是“微不足道”时，上诉法院对所引用原文的段落在质上的重要性考虑得太少。总之，如版权法所规定那样的传统合理使用原则，并不惩罚 The Nation 对这些有版权材料的使用。任何版权的侵害都可以声称是通过扩大公众对版权作品的接触而使公众获利。但是，国会既没有设计、我们也看不到保障，可以在司法上“强制性的许可”不受约束的使用公众人物未公开、受版权保护的表达。我们认为 *The Nation* 对这些来自于未公开手稿的逐字引用并不构成合理使用，上诉法院的判决因此被推翻，本案将被发回重审，依照与本判决意见一致的进一步程序进行。

评论：

著作权保护的目的不仅在于保护作者的正当权益，鼓励他们积极创作文学、艺术和科学作品，同时还在于促进作品的传播和使用，从而丰富人们的精神文化生活，提高人们的科学文化素质，推动经济的发展和人类社会的不断进步。如果片面地强调作者的权利，使权利绝对化，就限制和妨碍了作品的传播与使用。因此，世界各国著作权法在规定作者权利的同时，也相应地规定了作者对社会所应承担的义务，这些义务主要是通过对著作权的限制来体现的。

为了实现保护著作权与实现其他社会政策之间的协调，《伯尔尼公约》和《与贸易有关的知识产权协议》（TRIPs 协议）都规定各国可在著作权法中规定构成“合理使用”的情形，也就是使用作品行为在不妨碍对作品正常利用、不无故侵害作者合法利益的条件下，可以不经著作权人许可、不向其支付费用。如课堂教学、新闻报道分别与言论自由、知识传播和信息共享的社会公共目的相关，只要不超过必要限度对著作权人造成不合理的损害就可构成“合理使用”。

《伯尔尼公约》第9条第2款规定：本同盟成员国法律得允许在某些特殊的情况下复制作品，只要这种复制不是损害作品的正常使用也不致无故侵害作者的合法利益。这也称为“三步检验法”，任何成员国对著作权的限制与例外规定都必须接受该条款的约束。适用例外或者限制必须是满足以下3个条件：“某些特殊情形”或“限制和例外”；“不得与作品的正当利用相冲突”；”不得不合理地损害权利持有人的合法利益”。这一由《伯尔尼公约》所创立的“三步检验法”已经构成对著作权限制的基本原则。但是各国针对合理使用的具体立法模式仍有不同。美国版权法是采取要素分析法的方式，即没有一一列举构成合理使用的方式，只是规定了法官在判断某一种受“专有权利”控制的行为是否构成合理使用时应该考虑的四个因素：1. 使用的目的和性质；2. 受版权法保护的作品的种类；3. 使用作品的数量和实质性；4. 使用行为对该作品的潜在市场或者其价值造成的影响。

1. 关于使用的目的和性质。这是整个合理使用界定规则的“灵魂”。一般而言，使用的目的必须正当，包括不具有商业性质和非营利的教育目的。凡商业性质的使用肯定不是合理使用，但非营利的使用则未必是合理使用。

2. 关于作品的种类。作品的类型与合理使用存在着有机联系。在具体案件中，通过不同作品的性质比较，有助于把握使用的“合理性”程度。例如，对于未发表作品的合理使用要严于已发表作品。一般说来，合理使用限于已发表作品。对于虚构作品的合理使用要严于纪实作品。

3. 关于使用作品的数量和实质性。一般而言，所使用的篇幅或实质性内容越多，就越会冒犯著作权人的利益，这种使用就越不可能符合合理使用的要求。大量的引用原作或原作的精华部分，不能视为适当与合理。考察使用作品的程度，既要有定量评估，又要作定性分析，“数量”或“实质”可以单独存在并作为判断的一个依据。在诸多著作权实例中，“实质”分析比数量分析更为重要。这也是本案法院考虑的重点因素。本案中，被告刊载了一篇2 000多字的文章。该文引用原作品不超过1/20，但该文所记述的“水门事件”属于回忆录的核心内容，从而这一使用行为导致原告与他人订立的连载合同取消，对原作品市场造成重大损害。判决结果认定，被告主张的合理使用抗辩不能成立。使用数量不多但又属实质性部分，可能构成侵权；相反，引用大部分甚至全部不一定可以对抗合理使用的请求。

4. 关于市场影响。使用目的属于主观范畴，其主观方面是否正当，往往依赖于对客观市场影响的考察或说是进行主观目的与客观后果的有机的综合分析；使用作品的程度，无论是“数量”还是“实质”的状态评估，最终应落脚到对该作品是否产生侵害性市场影响的结论上。

与美国法不同，我国《著作权法》则是采取一一列举构成合理使用情形的方式。根据《著作权法》22条的规定，合理使用的范围包括：一，为个人学习、研究或者欣赏，使用他人已经发表的作品。二，为介绍、评论某一作品或者说明某一问题，在作品中适当引用他人已经发表的作品。三，为报道时事新闻，在报纸、期刊、广播电台、电视台等媒体中不可避免地再现或者引用已经发表的作品。四，报纸、期刊、广播电台、电视台等媒体刊登或者播放其他报纸、期刊、广播电台、电视台等媒体已经发表的关于政治、经济、宗教问题的时事性文章，但作者声明不许刊登、播放的除外。五，报纸、期刊、广播电台、电视台等媒体刊登或者播放在公众集会上发表的讲话，但作者声明不许刊登、播放的除外。六，为学校课堂教学或者科学研究，翻译或者少量复制已经发表的作品，供教学或者科研人员使用，但不得出版发行。七，国家机关为执行公务在合理范围内使用已经发表的作品。八，图书馆、档案馆、纪念馆、博物馆、美术馆等为陈列或者保存版本的需要，复制本馆收藏的作品。九，免费表演已经发表的作品，该表演未向公众收取费用，也未向表演者支付报酬。十，对设置或者陈列在室外公共场所的艺术作品进行临摹、绘画、摄影、录像。十一，将中国公民、法人或者其他组织已经发表的以汉语言文字创作的作品翻译成少数民族语言文字作品在国内出版发行；十二，将已经发表的作品改成盲文出版。

Universal City Studios, Inc, . v.
Sony Corporation of America
464 U. S. 417 (1983)
美国最高法院

案由：

本诉讼的两个被上诉人，环球电影制片公司和迪斯尼制片公司出品大量电影和其他视听作品并享有其版权。在当时的市场上，他们有下列几种方法来利用自己的版权：授权剧场播放，许可在有线电视网限次数

播出，将辛迪加权利卖给地方电视台来反复播出，在市场上发售预先录制好的影带或影碟。

上诉人索尼公司制造了数以百万计的 Betamax 录像机并通过零售公司向市场发售。索尼的 Betamax 磁带录像机主要由三部分构成：（1）谐调器，用来接收由公共无线电波传送的电视节目数字信号，并将其分成音频信号和视频信号；（2）记录装置，将该音频和视频信号录制到磁带上；（3）转接器，用来将磁带上的音频和视频信号转变成为能为电视机所接受的合成信号。该录像机有几项功能值得注意：独立的调谐器使得录像机可以在转到一个频道时录制另一个电视台的节目，比如通过观看一个直播而把另一个录下来，让观众能够看到两个同时播出的新闻节目。磁带可以反复利用，被录制的节目可以被删除。Betamax 录像机中的定时器可以让录像机在事先预设好的时间启动或是关闭，因此即使不在家观众也可以录制想看的节目。该录像机还有暂停键，当按下时录像机就不工作了，这样可以使观众在录像时可以略过商业广告。快进键则让观众能够避开不想看到的部分。

被上诉人在地区法院起诉上诉人，诉称磁带录像机的消费者用该录像机录制了部分被上诉人的版权作品，并且将其在商业赞助的电视台展示。从而侵害了被上诉人的版权，而上诉人应对此侵权负责，因为是他们在销售这种磁带录像机。被上诉人要求金钱损害赔偿、利润损失和禁止该磁带录像机生产和销售的禁令。地区法院驳回了被上诉人的所有救济请求，判决在家里对公共电视广播播出的节目进行非商用录制是对版权作品的合理使用，并不构成版权侵权，而且即使这种家庭录制使用构成对版权的侵犯，上诉人也不应该被判对此侵权负有促成责任。上诉法院推翻了原审法院的判决，认为上诉人因帮助侵权而对此负责，并指令地区法院给予原告合适的救济措施。最高法院作出了调审令。最高法院最后推翻了上诉法院的判决。

法院意见：

上诉人制造并出售家用磁带录像机。被上诉人享有某些在公共电视广播上播出的节目的版权。某些人利用该录像机录制了这些节目以及其他许多节目。该案的争议是上诉人将这种复制设备出售给公众是否侵犯了版权法所赋予被上诉人的任何权利。

被上诉人在美国地区法院加州中区法院提起对上诉人的版权侵权诉讼。被上诉人称，有些人利用 Betamax 录像机（磁带录像机）对被上诉人在受商业赞助的电视台播出的版权作品进行录制，因而这些人侵犯了被上诉人的版权。被上诉人进一步主张，上诉人应对声称由 Betamax 的消费者所为的侵权行为负有责任，因为上诉人在经销这些录像机。被上诉人并没有向 Betamax 的消费者寻求赔偿，而是寻求金钱损害赔偿、基于公正计算的上诉人的利润以及禁止 Betamax 磁带录像机制造和销售的禁令。

概言之，初审法院查明的事实揭示了一般公众使用磁带录像机主要是为了录下那些他无法当时观看的节目并在以后方便时观看。这种被称为“调整观看时间”的做法扩大了电视节目的观众数量。正因为如此，大多数的电视节目都会以这种方式被观看而不会遭到对节目享有版权者的反对。同样的，即便本案中的两个被上诉人坚持反对调整节目时间，他们也不能证明这种做法损害了他们作品版权的商业价值或有可能在将来造成损害。根据上述事实，被上诉人不能依据版权法认定上诉人因向公众发售磁带录像机而负侵权责任。上诉法院判决被上诉人有权禁止磁带录像机的发售，有权取得出售该设备而获得的使用费，或者得到其他赔偿。如果支持上诉法院的判决，将会扩大被上诉人依据版权法享有的垄断权利的范围，从而获得对一项不受版权保护管辖的商品的控制。这种对版权的扩张超出了国会所允许的限度。

I

索尼公司和被上诉人都在该机器的试用期对 Betamax 使用方式进行过调查。调查显示该录像机主要被用来“调整节目观看时间”——录制节目并在晚些时候观看然后将其删除。这种做法可以使观众不因工作或看其他电视台的节目而错过他们想看的节目。调查还显示许多观众积累了不少磁带。索尼的调查显示 80% 的被访者看电视还和买录像机前一样多。而被上诉人没有提供证据证明录像机机主减少了看电视的时间。索尼列举了大量的证据来证明复制未被现场收看的电视节目不会遭到版权所有者的反对，尤其是体育类、宗教类以及教育类的节目。被上诉人提供了意见证据，该证据涉及磁带录像机不受限制的销售对他们版权的商业价值的未来影响。初审法院认为他们没能证明使用录像机对观看时间进行调整可能在未来造成损害。

初审法院的判决

地区法院的审理涉及磁带录像机的私人家庭使用，即录制公共电视台播出的不对观众收费的节目。向其他人传播录像带，为公开表演使用家用录像带，或录制有线或收费电视节目等几方面并没有争议产生。

地区法院认定对公共电视台播出的节目进行非商业性家用录像是对版权作品的合理使用，不构成版权侵权。地区法院特别强调了节目是向广大公众免费播出，和该使用的非商业性和私人性。而且法院认为这种使用的目的是让公众有更多机会观看电视节目，这是一种与宪法第一修正案的政策目标相一致的公众利益，即尽最大可能地通过公共无线电波提供信息。即便录制的是版权作品，地区法院认定这种复制是一种合理使用，因为原告原作品的市场并没有随之减少。

地区法院还认定索尼不是帮助侵权人因而不承担责任，即使录像机在家使用被认为是一项侵权的使用。地区法院指出索尼与从公共频道录制节目的 Betamax 的购买者没有直接联系。索尼的广告没有指出可能存在版权侵权，但它的使用手册上还有如下声明：“电视节目、电影、影带和其他资料可能受版权保护。”地区法院认为索尼被推定知悉 Betamax 录像机可能被用来录制版权作品，但认为索尼仅仅在出售一个多用途的产品，其中的某个用途被宣称为侵犯了版权。初审法院的理由是：“日常所需的商品，比如打字机、录像机、照相机，其复制功能从技术上支持了任何侵犯版权的使用，但这种帮助如果被认为足以构成承担责任的基础，将会不适当地扩大先例和司法实践所确立的理论。”“如果常用商品的制造者被判对侵权负促成责任，每当他们被推定知悉某些购买者在某些场合将会把他们的产品用于法院凭第一印象即认定为侵权的目的，这无疑阻碍了商业的发展。”

最后地区法院讨论了被上诉人要求禁令的诉讼请求，认为被上诉人要求的禁令既不会阻止 Betamax 录像机的销售，也没有要求该录像机被改装为不能录制版权作品后再发售。法院认为“制造商、分销商、零售商和广告经营者都没有侵权行为”，因此该项救济请求是“不可思议的”。Betamax 录像机可以继续被合法地用于录制非版权材料和版权所有人许可复制的节目。禁令会剥夺公众通过 Betamax 录像机进行非侵权电视节目录制的资格。

上诉法院的意见：

上诉法院推翻了地区法院的判决，但其并没有全盘搁置地区法院查明的所有事实，而是在法律上得出结论认为磁带录像机的在家使用不是一项合理使用，因为它不是一项有价值的使用。因此，上诉法院判决原告无需证明对版权作品潜在市场的损害。上诉法院评论说，很明显大量复制的累积效应就是减少被上诉人作品的潜在市场。

在是否存在帮助侵权的争议点上，上诉法院首先否定了以常用商品诸如录音机或者复印机作为类比，指出这些机器“就某些目的而言有实质性利益”，而且不太会产生版权争议。磁带录像机却仅仅是为了复制未被现场收看的电视节目，而事实上所复制的全是版权作品。上诉法院由此得出结论，磁带录像机不能合适地服务于任何实质性非侵权使用，即便那些版权拥有者选择不去实践他们的权利。

上诉法院还推翻了地区法院关于索尼并不确知家庭使用构成侵权的认定，认为制定法上关于侵权赔偿的规定也应用于非制定法上的帮助侵权。法院陈述到，被告的善意仅仅减轻了其损害赔偿责任，而不是为其侵权行为开脱，因为复制版权作品是 Betamax 录像机最明显也是最主要的功能，因此索尼知道家用机主的侵权活动并应当为此承担责任。

关于赔偿问题，上诉法院的结论是“给予版权法所规定的损害赔偿是合理的”，并且参考“对复印机领域的规定”，认为根据法律创设的强制许可给予原告持续性的使用费是可接受的赔偿方式。

II

国会授权的垄断特权既不是不受限制的，也不是仅仅为了提供特定的私人利益。给予限制性的许可是为了达到重要的公共目的。通过给予特殊激励来鼓励作者和发明者的创作活动，并且允许公众在这种排他性控制经一定时限消灭后能够接触到体现作者和发明者才能的成果。从施行之初，版权法一直随着技术发展而发展。国会根据新技术来制定必要的新规则，因此对于版权的保护一直是制定法的范围。

对版权的保护从来没有给予版权所有者对其作品所有可能的使用方式的完全控制，而是给予持有版权者以五种受限制的方式排他的使用和授权使用其作品，这包括了对版权作品的复制。对作品的复制却并非都受版权所有者的排他性控制，有些复制是受公众控制的。任何个人都可以为了合理使用而复制版权作品，版权所有人不得对此使用行使排他性的权利。

本案中两个被上诉人没有向 Betamax 的使用者寻求赔偿。本案也不是一个代表所有向电视台许可播出其节目的版权所有者的集团诉讼，被上诉人没有权利来代其他版权所有者向 Betamax 的使用者行使提起侵权诉讼的权利。来自被上诉人的证据表明对其节目的复制只占到使用 Betamax 的一小部分。要胜诉，他们必须证明 Betamax 的使用者侵犯了其版权，而且索尼应该对此侵权行为负责。

III

版权法没有明确让某人为其他人的侵权行为承担责任。与此相反，专利法则明确把任何积极地导致专利侵权的人视为侵权人，并且将责任加于那些被称为“帮助侵权人”的特定个体。但是，版权法并不排除将侵权责任加之于那些没有实际参与侵权活动的当事方。替代责任几乎在所有法律领域都存在。帮助侵权不过是确定在何种情况下让一个人为另一个人的行为承担责任这样一个大问题中的一类。

被上诉人主要依赖于 Kalem Co. v. Harper Brothers（222 U. S. 55）这个先例。在该案中，Ben Hur 未经授权而将版权作品改编成电影，并把该电影卖给了经纪人，而经纪人又将该电影进行商业性播放，法院判决 Ben Hur 为其出售行为承担责任。霍姆斯大法官作了如下解释：“被告不仅是希望而是借助广告利用电影对原作品进行戏剧性复制。除非被告参与了最终的侵权行为，他不可能帮助侵权。这是所有法律领域都承认的原则。”

Kalem 案中的电影被特别制作并出售，制片人私自使用了版权所有者受版权保护的作品，并且以出卖电影的方式授权经纪人使用该电影。然而他不能授权他人使用该电影，因为版权所有者才享有许可公开表演其作品的排他性权利。

被上诉人辩论道，Kalem 案代表了这样一种主张，即提供实现侵权活动的“手段”并通过广告鼓励这种行为就足以构成版权侵权责任。这项论辩是基于对 Kalem 案的粗略归纳，经不起仔细推敲。Kalem 案中的制片人不仅仅提供了实现侵权活动的“手段”，而且提供了作品本身，尽管是以一种新的表现形式。本案中的上诉人并没有在提供 Betamax 录像机的同时也提供给了消费者被上诉人的作品，那是上诉人自己提供的。上诉人提供的是一种可以录制电视节目的设备，有些节目不受版权保护，有些虽然受版权保护但版权所有者并不反对录制，还有一些就是版权持有人不愿被录制的节目。Betamax 的用途是对版权作品进行授权或未授权的使用，但它的潜在用途比 Kalem 案中 Ben Hur 电影的侵权使用范围要广得多。KALEM 案不足以支持被上诉人关于侵权责任的新理论。

霍姆斯法官说，制片人“帮助”对版权的侵权，在下级法院应用了“帮助侵权”理论的案件中，直接侵权者和帮助侵权者在侵权行为发生时仍然存在一定的关系。在这样的案件中，帮助侵权者控制着别人的版权作品的使用，并且在未经版权所有人同意的情况下将这种使用许可给他人。本案却不属于上述这种情况。索尼和 Betamax 录像机使用者的唯一联系发生在买卖录像机之时。地区法院明确表示“没有任何索尼、Sonam 和 DDBI 的雇员直接参与了所诉称的侵权活动或与录制了有版权电视节目的 Betamax 录像机的购买者有直接联系。”地区法院还发现“没有任何证据表明个人消费者所为的录制是受了索尼广告的影响或鼓励。”

如果要施加替代责任于本案的上诉人，那么必须基于这样的事实——即他们在出售设备时被推定知悉消费者会利用该设备对版权作品进行未经授权的复制。在版权法领域没有先例根据这样的理论而施加替代责任。因为专利法和版权法有历史上的联系，参考专利法的相关案件也许可以提供最接近的类比。

但我们一贯否认在版权法和商标法领域存在这样一种类似的亲缘关系。商标法和版权法有根本性的差别，有鉴于此，我们将不参考 *Inwood Laboratories v. Ives Laboratories*, 456 U. S. 844 (1982) 所阐明的关于帮助侵权的标准。在那个案件中，制造商或分销商将被判对商标所有者承担责任，如果他故意让自己的产品在销售链中以商标拥有者的名义进行销售，或者他持续提供产品，而使该产品能被传递至一个知道该产品被错贴上商标拥有者的商标的商人手上。如果 Inwood 案中帮助商标侵权的狭义标准适用于本案，那么对被上诉人帮助侵权的主张就无需多费口舌。索尼当然不是“故意诱使”其产品的消费者对被上诉人的版权作品进行侵权使用，它也没有将其产品提供给为它所知的不断侵犯被上诉人版权的特定个人。

在专利法中，侵权和帮助侵权的概念由成文法明确规定。对帮助侵权的禁止限于销售明知是为与某项专利有联系的用途而专门生产某种产品。专利法并不禁止销售一种与其他专利有关系的产品。更进一步，该法明确规定销售“适合于实质性非侵权用途的商品或日常用品”并不是帮助侵权。

当对帮助侵权的指控完全取决于销售一种被购买者用来侵犯专利的产品，那么这显然会牵涉到公众获得这种商品的公共利益。当然，帮助侵权判决并不会把该商品完全逐出市场。事实上，帮助侵权判决从功能上说相当于判决该争议产品属于专利权人受保护的垄断范围之内。

因此，根据专利法提起的帮助侵权的案件中，法院十分重视不让专利权人将其垄断扩展到受许可的范围之外。这些案件都拒绝给予专利权人控制无专利商品的分销渠道的权利，除非这些产品“不适用于任何商业性非侵权用途”。除非该商品“除了使用专利方法之外无法实现其用途”，专利权人无权利主张它的分销商构成帮助侵权。“帮助侵权的基础是该产品必须基本上是一项专利发明的一部分。”“销售一种可能被用于侵权用途也可能用于其他合法用途的产品，这本身不足以使销售者成为帮助侵权人。否则只会阻碍商业的发展。”

我们承认专利法和版权法有实质性区别。但在这两个领域，帮助侵权原则都基于这样一种认识，即对垄断的充分保护会促使法院去衡量一项发明或出版物的实际复制以及让这种复制成为可能的产品或活动。必须平衡版权所有者要求有效保护制定法给予的合法垄断权，以及他人可以在不相关的商业领域的自由行事的权利。相应地，就像销售其他商品一样，如果产品被广泛应用于合法、无争议的目的，销售复制设备并不构成帮助侵权。事实上，仅仅需要证明产品能被用于实质性非侵权用途。

IV

问题就在于 Betamax 录像机是否能用于有重大商业意义的非侵权用途。为了解决这个问题，我们无须考察该录像机全部潜在用途以决定其是否构成侵权使用。我们仅仅需要考虑在地区法院查明的所有事实的基础上有相当数量的用途是非侵权使用。进一步说，我们不需要给出该产品有多少用途属于有重大商业意义这个问题的正确答案。只要存在一个 Betamax 录像机的潜在用途即可满足上述标准，即在家中私人的非商业性地调整节目观看时间。之所以说该使用满足具有重大商业意义的非侵权用途是因为：（1）被上诉人没有权利阻止其他版权所有人授权对其节目进行复制；（2）地区法院发现的事实表明即使是未授权的在家调整被上诉人的节目观看时间也属于合法合理使用。

A. 经授权的调整节目观看时间

每个上诉人都拥有大量有价值的版权，但在整个电视节目领域，他们的市场份额较小。如果他们胜诉，该诉讼结果将会对节目制作者和观看剩下的 90% 节目的观众都产生深远的影响。毫无疑问其他的节目制作者都和被上诉人一样关注着不受限制的复制的可能结果。然而地区法院发现的事实清楚地表明调整节目观看时间可能扩大整个观众群，并且许多节目制作者也愿意让这种私人的调整节目观看时间的做法继续下去，至少经过一段试验时期。

地区法院发现：“即使对版权作品的家用复制被认为构成侵权，Betamax 录像机仍然可以被合法地用于录制无版权作品或经作品所有人同意的作品。禁令会剥夺公众使用 Betamax 录像机进行非侵权录制的机会。"

被告在初审引入大量证人证言证明 Betamax 录像机被用于复制体育、宗教、教育和其他节目。原告质疑该证言的证据力，并辩称禁令应该被给予，因为侵权使用比非侵权使用更重要。

"不论合法的家用复制和非法的家用复制的百分比在未来会是多少，禁令所寻求的是剥夺公众利用该商品进行非侵权使用的机会，这是一个异常严厉的救济措施，而且在版权法领域也无先例。"

地区法院在考虑禁令的性质时作出了如上评述，该评述包含了一项判定，即有关"体育、宗教、教育和其他节目"的证据足以构成相当数量的经授权可复制的节目和将来可能会被许可允许复制的节目。相关数据充分支持该判定。另外，地区法院特别提到了宗教和体育类节目高管的证词，这两项值得特别关注。

第一个证人证言来自约翰凯纳斯顿，58 频道的电视台经理，这是一个位于洛杉矶的教育电视台，隶属于公共广播服务。他解释和证实了该电视台对其播出节目的指南。1978 年春版的指南中提到了 107 个节目，62 个节目许可家用录制，21 个节目许可不受限制的家用录制。

第二个证人证言来自弗雷德罗杰，制作并拥有"罗杰先生的邻居"这档节目的公司总裁。该节目被公共电视台播放的次数最多。平均每天有三百万个家庭观看这个节目。他作证说他完全不反对为非商业目的进行的家用录制，并且说这项真正的服务能让家庭录下儿童节目并在合适的时候给孩子看。

如果有上百万磁带录像机的拥有者从电视上录制体育比赛、宗教广播和像"罗杰先生的邻居"这样的教育类节目，并且如果这些节目的所有者欢迎这种做法，那么不应该仅仅因为该设备被部分个人未经授权复制被上诉人的作品，就压制供给使这种复制可行的设备的企业。被上诉人不代表由所有版权所有人组成的集团。而判决帮助侵权毫无疑问会损及那些只能通过观众自行调整节目观看时间才能达到一定收视率的节目广播者的利益。

当然其他版权所有者欢迎这种调整节目观看时间的做法并不意味着被上诉人就应该给予其他人复制他们节目的许可。第三方的行为与对被上诉人版权的直接侵犯之诉没有任何联系。但在针对复制设备的卖方的帮助侵权之诉中，除非版权所有人所寻求的赔偿只对他自己的节目有影响，或除非他实际上代表了与该诉讼结果有利害关系的全部版权所有者，他不能胜诉。在本案中，证据清楚地表明有很多重要的或全国性的节目制作者并不认为由观众利用录像机在家自行调整观看时间来扩大收视率的做法有什么不妥。这种设备的销售者只要没有直接参与侵权活动，就不是一个帮助侵权人。

B. 未经授权调整节目观看时间

即使是未经授权使用版权作品未必一定是侵权。除非与版权法授予的特定排他性权利相抵触，未经许可使用版权作品不构成侵权。现行法中关于排他性权利的规定的第106条的开头是“以第107条和108条为前提”。上述两节讲的是一系列“不属于106条规定的侵权范围”的对版权作品的使用。与本案联系最紧密的是第107条，立法上称之为“合理使用”原则。

该条明确了若干要素，法院可以据此对特定的侵权诉讼进行分析。第一个要素要求在决定是否属合理使用时必须衡量“使用活动中的商业或非获利性质”。如果Betamax录像机被用来为了商业或获利目的而进行复制，那么这种使用将被认定为是不合理的。因为地区法院查明的事实表明利用录像机在家自行调整节目观看时间是非商业性、非获利性的，所以本案中的对录像机的使用应该认定为是合理使用。进一步说，考虑到具有版权的视听作品的性质以及调整节目时间只不过使观看者能够看他本来就可以免费观看的节目，整个作品是被复制这个事实不足以否定合理使用的存在。

这并不是整个推理过程的结尾，因为国会同样指示我们考虑“这种使用对潜在市场或版权作品价值的影响”。版权的目的在于激励创作。即使为了非商业目的而复制也会损及版权所有者从立法中获得的激励。但一项不能被证明对潜在市场或作品价值有影响的使用不应为了保护对作者的创作激励而被禁止。对这样的非商业使用的禁止只会阻碍获得智力成果的途径而没有任何相应的好处。

因此，对版权作品的商业使用被推定为对版权作品的不合理使用，而非商业使用则是另外一种情况。要挑战版权作品的非商业使用必须证明该特定使用是有害的，或者如果被广泛使用，将会对版权作品的潜在市场造成负面影响。不必证明发生了现实的实际损害；也不必证明将来发生损害的确定性，只需要有证据证明存在将来发生损害的可能性。如果使用目的是取得商业利益，发生损害的可能性只要能被推定即可。但如果使用是为了非商业目的，这种可能性就必须要被证明。本案中，被上诉人未能在自行调整节目观看时间的问题上完成举证。地区法院对被上诉人的证据作了如下评述：

“原告专家承认未获许可的自行调整节目观看时间并不会导致重大损失。原告所害怕的是 Betamax 录像机的应用会使版权的权利界限消失，即版权所有者丧失对其节目的控制权。”

在调整节目观看时间所引起的潜在未来损害的问题上，地区法院对相关证据作了更细致的分析，反驳了被上诉人“对以录像形式观看节目的观众将不会被算入收看人数及收视率，收入也会减少的担心”，因为现行的统计技术能够反映通过 Betamax 录像机收看节目的观众人数。法院还反驳了被上诉人的预测，即“随着越来越多的人通过 Betamax 录像机观看节目，收看现场电视节目和电影的观众人数将会减少”。法院也反驳了被上诉人“对调整节目观看时间将会减少观看重播的观众人数”，并得出结论，“根据现在的市场实践，调整节目观看时间将会有利于而不是有害于原告”。

地区法院在审理该案中，反复陈述了它的结论：“调整节目观看时间的损害是臆测的，至多也是微不足道的。”“我们知道观众从调整节目观看时间中得到了好处，如果说这种好处同样扩及原告、节目播放者和广告商，也不为过，因为 Betamax 录像机使得更多的人能够看未被现场收看的电视节目。”“在初审中原告没能证明存在实际损害，其也承认截止到当前没有发生实际损害。”“原告的电视作品比以前赢利更多，在初审期间，也没有证据证明 Betamax 录像机的使用使原告的财政状况发生改变。”

地区法院的结论基于这样的事实，即调整节目观看时间扩大了公众观看免费广播节目的途径，产生了社会利益。

当以公平分析的规则衡量所有的因素后，我们认为证据充分支持在家调整节目观看时间是一种合理使用的结论，上诉法院认为现行版权法禁止此类使用行为的判决明显错误。

对合理使用进行分析需要对各种利益进行细致的平衡。区分“有价值”和“无价值”的使用可能会有所帮助，但这不是决定性因素。一方面，并不是所有的版权都可被替代。有些版权控制着有着广阔的潜在二级市场的作品。这样的作品理应得到更广泛的保护，因为更有可能受到商业损害，因此复制一个新闻节目可能比复制一部电影更需要合理使用原则的支持。同样，为了取得商业利益而复制远不如为了个人用途而复制更能得到合理使用的支持。但是，社会“产出”的理念不是对该分析的完全回答。教师为准备讲义而为的复制显然是有价值的。为了扩大个人的专业素养而为的复制也是有价值的。立法者为了考察选民对他的看法而为的复制，以及选民为了更好地投票而复制新闻节目均是有价值的。

为盲人方便而对版权作品复制是被明确确认为合理使用的典型例子。在医院使用磁带录像机的唯一有价值的用途就是增进病人的福利——让他能够看到本来会错过的电视节目。事实上任何调整节目时间都增加了观众观看电视节目的机会因而都产生了相似的利益。版权法没有对有价值和没有价值的调整节目观看时间进行划分，但要求考察这种复制的经济后果。

总而言之，地区法院呈递的证据和查明的事实使我们得出两个结论。第一，索尼证明了绝大部分许可节目在免费电视台播出的版权所有者不大可能反对他们的节目被观众调整观看时间。第二，被上诉人没能证明这种调整节目观看时间的做法可能会引起版权作品的潜在市场或版权作品价值的实际损失，因此 Betamax 录像机具有实质性非侵权用途。索尼向公众销售这种设备不构成对被上诉人版权的帮助侵权。

V

如果想从版权法中得出观众为以后观看而录制节目的做法是非法的结论，或者以此禁止使这种复制成为可能的设备销售，这种努力是徒劳的。由国会来以新的视角来看待这项新技术是适宜的，就像国会在过去对待其他革新一样。但我们不能把还未制定出来的法律通过判决应用于实际案例。根据现时对版权法的解读以及将版权法应用于本案的事实，我们推翻上诉法院的判决。

四名法官的异议意见：

I

将家用磁带录像机投入市场，使得上百万的美国人可以在家录制未被现场收看的电视节目，以便自己在将来观看或反复观看。尽管这种做法在电视机和录像机的拥有者中十分流行，但它的确事关被录制节目的所有者的版权。其结果就是引发了本案中的争议，即在家录制受版权保护的未被现场收看的电视节目是否是侵犯了版权，如果是的话，则磁带录像机的制造商和分销商是否是帮助侵权人因而承担责任。我希望国会能深刻严谨地研究这些问题并解决它们，尽管法院现在的判决没能促进国会这样做。我们现时的任务是在现行不完善的版权法框架下尽我们所能解决这些争议。

II

和其他磁带录像机一样，Betamax 录像机具有录制电视节目的功能，然后播放这些节目。涉及本案争议的 Betamax 录像机的用途有两项。一项称为“调整节目时间功能”，使用者可以将节目录制下来后在其他时间观看，并且可以把看过的节目删除来反复进行录制。第二项功能称为“建立影像库”，使用者可以录制节目以备反复观看。索尼在宣传其产品时，不时提到 Betamax 的使用者可以“录制喜欢的节目”或“建立一个影像库”。索尼该产品的广告从来没有包含版权侵权的警告，尽管在 Betamax 的操作指南中包含了类似警告。

制片公司出品受版权保护的电影及其他作品，这些作品或向影院发行，或许可给电视台播出。他们还租售事先录制的影碟或影带。电视播出的许可费和收视率挂钩，收视率计算中不包括录像带的播放。制片商主张通过磁带录像带录制节目会减少他们从电视台得到的许可收入以及从其他途径出售节目得到的收入。

地区法院认为无论是根据《1909 年法》还是 1976 年《版权法》使用磁带录像带进行家用录制没有侵犯制片商的版权。地区法院还判决，即使使用磁带录像带的家用录制构成侵犯版权，但无论根据直接侵权理论、帮助侵权理论还是替代责任理论，索尼也不承担责任。最后法院总结道，即使索尼承担责任，禁止销售 Betamax 录像机的禁令也是不适合的。

第九巡回法院实际上推翻了地区法院的全部判决，判决《1909 年法》和 1976 年《版权法》都没有默示豁免家用录制，因此这种录制不属于“合理使用”，而使用 Betamax 录像机录制制片商的版权作品构成版权侵权。上诉法院还判决索尼应该为其帮助侵权承担责任，理由是索尼知道也预期 Betamax 将被用来录制版权节目，而索尼也确实诱使、引起或实质上帮助了这种侵权行为。上诉法院将案件发回地区法院，让其重新判决给予适当救济，并建议初审法院可以考虑给予原告损害赔偿或者持续性的使用费以替代禁令。

III

宪法中关于版权的条款授权国会“为了促进科学和艺术的进步，给予作者和发明者对他们的作品和发现一定时限的排他性权利”。第一部保护版权的全国性法律由第一届国会通过，给予作者长达 14 年的“独占的权利和自由来印刷、复印、出版和出售”他的“地图、海图、书、账簿”。从那以后，每当让作者创作和保持他们作品的技术改变时，法律也作出相应的改变。版权法被多次修订后，对“任何固定在有形媒介上加以表现的作者的原创作品”都加以保护，包括“电影及其他视听作品”。

《版权法》第102条（a）款第六项中术语的定义规定在101款中，“视听作品”是指“含有一系列相互关联的图像，利用机器或其他装置诸如放映机、幻灯机或电子设备进行放映，并伴有声音，但不包括包含作品的媒介比如电影胶片或磁带等的作品”。“电影”是指“包含一系列相互关联的图像，连续放映，表现出一种动态，伴有或不伴有声音的视听作品”。大多数的商业电视节目如果在播出时或播出前被固定在胶片或磁带上，则构成是“视听作品”。同时电视作品还可以作为“作品的戏剧、音乐或其他形式”予以保护。

1976年《版权法》的第106条赋予版权所有者一系列的排他性权利，包括“以复本或唱片形式复制版权作品”的权利。这项许可受制于第107条和第108条的规定，这两节规定了对版权所有者的权利的排除和限制。最重要的部分是第107条提到的“对版权作品的合理使用不是侵犯版权”。

1976年《版权法》没有给予版权所有者完全控制对其作品的所有可能使用的权利。如果对作品的使用不属于第106条列举的使用，那么该使用就不是侵权使用。在考虑家用录制是否属于合理使用的豁免范围之前，首先要搞清楚这种做法是否看起来违反第106条第（1）款所列的第一项中的排他性权利“以复本或唱片形式复制版权作品”。

A

尽管第106条第（1）款中的复本及唱片用的是复数形式，毫无疑问只进行一次复制也是被禁止的。参众两院的报告如此解释，“尽管‘复本或唱片’这两个词采取的是复数形式，但这种提法包括其单数形式”。

“以复本或唱片形式复制版权作品的权利意味着生产一个物质实体的权利，作品通过固定的形式被复制、转录在该物质实体中，通过这种固定作品可被复制、再现或以直接形式或通过机器或装置被表达。”

即使只进行了一次家用复制也属于上述情况，磁带录像带的使用者生产了一个物质实体，该物质实体可再现该版权作品。除非国会想要特别豁免为个人使用而单个复制，我们只能说用磁带录像带进行录制和第106条第（1）款所赋予的权利是相悖的。

1976年《版权法》和相关报告详细说明了某些对版权作品的单个复

制不构成侵权的情况。第 108 条（a）款允许图书馆和档案馆为读者“复制不多于一份的作品的复本或唱片”，但这仅限于极少数情况；一部完整的作品只有在不能以合理价格购得时才允许被复制。在其他情况下对作品的单个复制仅允许在合理使用原则所限制的范围内进行。国会报告中题为“单个或多个复制”的章节指出，合理使用原则允许教师为教学用途而对作品进行单个复制，但仅当该作品不是如小说或专题论文那样篇幅很长的作品。其他对作品的单个复制属于合理使用的情况也在国会的报告中提及，但没有任何制定法或立法历史记录显示给予个人或私人使用所为的单个复制一项一般性的豁免。

事实上国会考虑过并拒绝给予私人使用特别豁免。在修改版权法过程早期，版权修订办公室为国会准备的调研报告中就提出了这个问题。莱特曼教授《版权作品的合理使用》的研究报告发现没有案例支持豁免私人使用，尽管它提到“考虑到私人使用的性质和目的以及较小的涉案数量，可能会让法院应用合理使用原则来拒绝对其苛以责任”。

在考察了明确规定豁免私人或个人用途的各国版权法，莱特曼教授归纳了几项在豁免和合理使用问题上可以采纳的立法建议。其中一项就是在特定的领域，包括“个人使用的领域”采取特殊的规则。

版权法修订者建议修订版权仅仅提及合理使用的原则和一般适用范围，反对为特定领域专门制定规则和豁免，更倾向于让法官运用合理使用原则来解决新问题。

修订者的建议体现在第一次版权法修订中。这些修订后的法案许可版权所有者以复制其版权作品的排他性权利，这种排他性权利只受该法其他章节中明确规定的例外的限制，首要的例外是合理使用。尽管版权法从 1964 年制定之初到 1976 年经历了许多改动，但这些部分却保持不变。因此，我认为国会倾向于运用合理使用原则来区分受允许的复制和不受允许的复制，而不是依靠豁免私人使用来区分上述使用。

当国会意图给予私人使用特别的受保护待遇时，那么这种待遇应被明确宣布。第 106 条中就含有这样一项明示的陈述。版权所有人表演作品的排他性权利是受到限制的。第 106 条第（4）款允许版权所有者享有公开表演作品的排他性权利，但对于他人的不公开表演，版权所有者不受保护。只要有图像显示有声音播放，那么电影作品就是在“被表演”。在家和家人或朋友观看电视节目也被认为是一项表演，但第 106 条第（1）款对作品复制的禁止却没有区分是为了公共用途还是私人使用。

第 108 条也明确提及私人使用。根据该条，图书馆可以为读者复制一份副本以供其特定的私人用途："为了个人学习、学术或研究，"但对可复制的范围和可以进行复制的机构进行了限制，同时这项豁免明显不适用于电影和某些其他类型的作品。如果任何作品都能被个人为私人使用而全部复制，那么上述限制显然是多余的。

B

然而地区法院却在本案中得出结论说1976年《版权法》对"家用录制"给予默示豁免。地区法院主要基于《1909年法》和《1971年修正案》的立法历史记录，但本法院没有依靠该项依据。那个修正案是针对声音录制品的商业性非法翻录这一特殊问题。议会对该修正案的报告中有如下评述：

"委员会认为不应该给予声音录制品比现行给予其他版权财产的更广泛的权利。委员会的意图不是要限制在家录制已录制在广播、录音带或录像带中的表演，只要该录制是为了私人使用并且没有再行复制或使其商业资本化的目的。现在这种做法很普遍也不受限制。"

通过这些评述，地区法院认为这创设了对家用录制的豁免。我认为地区法院没有留心分析这些评述的上下文，没有把《1909年法》的构架和《1971年修正案》的有限目的考虑在内。

不像电视广播和其他类型的电影，根据《1971年修正案》声音录制品不受版权保护。尽管《1909年法》对其中的音乐作品给以版权保护，但其不保护特定表演者对作品的表演。为公开销售而录制的受版权保护的音乐作品还受制于"强制许可"：任何个人都可以在支付给版权所有者两美分的使用费后录制该作品。尽管未支付使用费而进行录制是《1909年法》规定的一种侵权，但该侵权的损害赔偿仅限于未支付的使用费的三倍数额。这些规定的实际效果就是使非法翻录合法化。

为了抑制这种非法翻录，《1971年修正案》把版权保护对扩展到基础作品之外延及声音录制品本身。国会选择只提供有限度的保护：声音录制品的版权所有者享有复制和向公众销售他们作品的排他性权利。该权利仅仅是一项商业销售的权利。

在这种背景下，《1971年修正案》关于家用录制的评述就有其独特的一面。如果说家用录制在《1909年法》中是"普遍的和不受限制的"，那是因为声音录制品不享受版权保护，而其所含的音乐作品的版权所有者也仅仅能收到2美分的使用费，再加上未授权复制的6美分的损害赔偿。因为只能获得如此低的收益，所以"没有人会闯入别人的家中去阻止这种复制"。

但《1971 年修正案》立法历史记录中关于家用声音录制品的附注显示国会没有试图去建立对版权保护的家庭使用的普遍豁免。国会承认《1909 年法》在控制家用声音复制品方面是失败的，其只提及商业非法录制的问题。家庭使用“不在该项立法追求范围内”。

当《1971 年修正案》缩小了当时版权立法中关于声音录制品的立法漏洞时，电影和其他视听作品自 1972 年起就享有完全的版权保护。这种保护在 1976 年《版权法》中继续得到贯彻。不同于声音录制品的权利是由《1971 年修正案》所创设的，电影作品的复制权利没有被限制在为公共销售而复制的范围之内；版权所有人复制作品的权利是独立存在的，“即便不是为了销售，仅仅对复制品进行再复制也可能构成侵权”。很显然国会没有试图默示地附加某些豁免。

因此，我认为在 1976 年《版权法》中不存在对电视节目的家用录制的默示豁免，无论是为了单次复制，还是为了私人使用或在家使用。录制受版权保护的作品是一种侵权行为，除非根据 1976 年《版权法》第 107 条的合理使用允许这种复制。接下来就是要解决这个问题。

IV

合理使用

合理使用原则被认为是“版权法领域最难处理的部分”。尽管法院构建了一系列的考虑因素来决定一种特定的使用是否是合理的，但没有确定的标准来决定上述这个问题。

国会在制定 1976 年版权法时对如何运用合理使用原则也没有提供一项确定的规则；它只是列举了一系列需要考量的因素：使用的性质和目的；受版权保护作品的性质，被使用部分的数量和实质性，还有一个最重要的因素——该种使用对版权作品的潜在市场和作品价值的影响。没有哪个因素的重要性被特别突出，而且上述因素也没有排除其他考虑因素的意图。参众两院的报告对此的解释是第 107 条只不过是对合理使用原则给以制定法上的认可；第 107 条不过是重述了合理使用的司法原则，无意以任何方式去改变、限制或扩大现行的司法原则。

A

尽管缺乏明确的标准，合理使用原则在版权法领域起着决定性作用。按照宪法的措辞，版权保护的目的在于“促进科学和有用艺术的进步”。然而在一些情形下，严格执行这种垄断性权利会抑制版权所要倡导的“科学和有用艺术的进步”。一个明显的例子就是学者作品要依靠引用和参考以前学者的作品。如果要求学者重复进行以前学者已经完成的研究（而不是直接运用现成的成果），那么不可能创造出新的学术作品。当然可以让学者和其他普通使用者一样自己去和每个版权所有者交涉以获取引用或参考以前作品的许可。但是，学者和普通使用者之间有很大不同。当普通使用者认为使用费过于高昂而放弃使用该作品，那么只有他个人受到损失。但如果学者放弃使用以前的作品（等于放弃自己学术创作），那么不仅仅是他自己受损失，公众也被剥夺了获得其贡献知识的权利。换句话说，学者的作品生产出让每个人都受益的外部利益。像这种情况，合理使用原则的作用就像是一种补贴——许可后个作品的作者对前个作品进行有限使用以促进公共福利，费用让前个作品的作者承担。

类似的补贴机制可以适当地应用在学术领域之外的范围。第107条列举了合理使用最被常人接受的情况；当使用作品是为了进行“批评、评论、新闻报道、教学、学术研究或探索”，那这种使用一般被判定为合理使用。上述的每一种使用都反映了一个共同的主题：每种使用都是有价值的使用，都会增进公众的利益。换句话说，合理使用原则允许为了“被社会称道的目的”而使用作品。我很清楚，没有一个案件会认为仅仅为了使用者的单独利益对版权作品的复制是一种合理使用。

当然并非每个有价值的使用都是合理使用。判断合理使用必须根据每个案件的事实以及在这种情况下是否能合理期望使用者会和版权所有者就使用作品进行磋商。合理使用原则必须平衡版权体系所造成的双重风险：一方面剥夺作者的垄断性权利会减少他们创作的激励，另一方面，给以作者完全的垄断性权利将会减损他人的创新能力。对该问题的探究是开放性的，并且无穷尽的事实排除了形成一个确定规则的可能性。但如果使用者完整复制一个作品，并且以其原始的目的使用它，并没有给公众带来益处，那么合理使用原则在此就不适用了，也就没有必要给予普通使用者由作者承担费用的合理使用补贴。

为了在家观看而录制影带不是对制片商版权作品的有价值的使用。地区法院查明“Betamax录像机的所有者以原始的目的来使用该复制品。他们没有添加任何自己的东西”。如索尼辩称的那样，尽管将合理使用原则应用于家用磁带录像机的录制，会增加公众获取通过公共电波免费播放作品的途径，我认为索尼的论辩错误地理解了版权的本质。版权是给予作者权利让其限制甚至阻断获取其作品的渠道。磁带录像机的录制没有产生足够的公众利益来为限制版权提供正当性。版权所有者也没有因选择让作品通过电波为大家所分享而舍弃了这种权利。1976年《版权法》

第106条赋予版权所有者控制其作品复制和表演的排他性权利，其许可进行电视表演的事实和其控制作品复制权的存在是无关联的。尽管电视广播节目对观众来说是免费的，但该事实却与本案并无关联；从图书馆借来的书不会比购买的书更能被自由地复制。

在我看来，法院试图扩展合理使用原则以便允许对这项新技术不加限制的利用，从而增加获取电视节目的途径。这样的扩展冒着破坏整个版权法基础的风险，会剥夺作者对其作品的控制权，从而剥夺了他们创作的动力。即使是具有高度价值的教育使用，国会也避免这种情况。在通过1976年《版权法》时，国会十分明确地指出电波节目的影带录制仅在十分有限的情况下被许可。立法报告补充道，"委员会并不认为，为方便而录制电视节目在任何情况下会被认为是合理使用"。

B

诚然，在某些情形下允许无价值的使用不会影响作者的创作激励，也就是说使用不会影响作品的价值或市场。这些使用对作者几乎没有影响，因此即使对公众没有利益，也没有特定必要去保持作者的垄断权。这类使用往往被认为是合理的。

法院必须谨慎对待为无价值的通常使用而否认对作者的版权保护。就像上面提到的，即使案件涉及"有价值使用"，第107条第（4）款仍然要求考虑"该使用对版权作品的价值和潜在市场的影响"。"一个现在看起来对作者的权利没有什么经济影响的使用可能会在未来产生重要影响。"尽管从孤立的角度看，这样的一种使用没有什么危害，"但如果孤立的、微小的侵权行为被重复多次后，变成对版权的重大侵害，那么这种侵权行为必须被禁止"。

因此我认为，当被提及的使用是无价值的使用时，版权所有者需要证明的仅仅是存在损害版权作品的市场或价值的潜在可能性。在仅能对新技术的影响进行推测的领域，要证明实际损害或可能的损害几乎是不可能的。要求这样的证明，将会实际危害作者的权利，因为它将作者的权利范围限制于当今的技术程度，随着时间推移，作者的版权将会因不可预见的技术进步而丧失殆尽。

因此，只要能证明意图的使用有导致损害的合理可能性，即可被认定侵权。当一项使用并不能给公众带来任何利益，不能因为新技术可能导致的损害还没有现实发生就拒绝给予版权保护。

本案中，制片商已经确认了一系列磁带录像机录制损害版权的方式。用磁带录像机录制会减损他们将作品卖给剧院和租售事先录制好的影带的机会；这种使用也会减少观看重播的观众人数，因而减少许可重复播放所取得的许可费。进一步，广告商只会愿意为那些看现场直播的观众支付广告费，如果他们相信磁带录像带的使用者会删除商业广告，或收视率统计不能衡量出通过磁带录像机观看节目的观众人数。如果确实如此，那么使用磁带录像机进行录制会减少制片商通过首次放映可以获得的许可费。“影像库的建立”增加损害发生的现实可能性，“调整节目观看时间”同样增加了发生实质性损害的现实可能性。

制片商援引专家证人的证言来证明调整节目观看时间和建立影像库很可能减少他们从版权中得到的收入。地区法院查明的事实显示存在大量建立影像库和跳过商业广告的事实。双方呈递的调查报告表明 Betamax 的机主平均每人拥有 25 - 32 盒录像带。制片商的调查报告显示至少 40% Betamax 的使用者影像库中拥有 10 盒以上录像带；索尼的调查显示 40% 以上的使用者打算多次观看录像带。双方的调查报告都表明至少 25% 以上的广告时间被略过。

地区法院判决磁带录像机的使用不可能损害版权，但我认为地区法院运用了错误的实质标准，并且错误地分配了举证责任。地区法院的理由是制片商没能证明建立影像库会导致制片商事先录制的影碟和磁带录像机的录制形成竞争，也没有确切事实表明电影观众人数会减少；并且删除商业广告的做法对许多观众来说实在是太乏味了。针对可能减少的广告收入，地区法院的结论是制片商已经采取了应对措施来弥补预计的损失，因为制片商对损失的估计是基于“许多假定以及一个飞速变化的市场机制”，法院对于确认家用复制的可能影响踯躅不前。

地区法院不愿意介入这个领域是可以理解的，但在我看来地区法院错误地断定制片商应该承担这种不确定性带来的风险。制片商已经证明了损害的潜在可能性。这种可能性在技术发展的初级阶段是不可否认的。

进一步，地区法院对损害的分析没能按第 107 条第（4）款的要求，考虑磁带录像机的使用对版权作品的潜在市场和价值的影响。第 107 条第（4）款要求，一项被推定为侵权的使用只有不侵害作品的潜在市场才是合理使用。该要求具有两层含义：一，侵权者不能仅仅证明版权所有者没有因侵权者行为遭受损害就逃脱责任。事实上，即使侵权反而使版权所有者还有所收益也不满足举证要求。侵权者必须证明他没有侵害版权所有者从那些本愿意支付使用费的团体那里得到补偿的能力。二，如果不是因为侵权者的活动，版权所有者本可以利用某一市场。那么侵权者不能在不给版权所有者补偿的情况下去利用这个市场。

本案中，制片商及其法律顾问证明了磁带录像机技术的出现为他们的版权作品创造了一个潜在的市场。这个市场是由那些无法或不方便在节目播出时间观看节目的人和那些愿意在其他时间观看节目的人组成的。这些人愿意为了获得方便观看版权作品的特权而支付费用，他们愿意购买磁带录像机和录像带就是证据；毫无疑问他们也愿意向版权所有者支付某种形式的使用费。制片商认为他们被剥夺了开发这个广大市场的机会，这种主张是正确的。

因此，从事实和记录来看，调整节目观看时间的确对制片商作品的潜在市场有负面影响。因此，即使索尼主张适用合理使用原则，调整节目观看时间也不能被认为是一种合理使用。

V

帮助侵权

从制片商的角度看，用磁带录像带进行家庭录制的后果和从事一项录制制片商的作品、复制这些录制品再将其租售给公众的商业没什么两样。区别在于家用磁带录像机的使用者不是为了商业利益进行录制，而Betamax的制造商和销售商得到了这种商业利益。如果他们出售的产品被用于侵权，必须讨论制造商和销售商能否被判决承担促成的责任。

A

在解决索尼是否承担责任的问题上，地区法院推论，索尼和Betamax的个人使用者没有直接接触，也没有参与任何对未被现场收看的电视节目的复制，亦不知道这种复制是对制片商版权的侵犯。我同意在Gershwin案中法官的意见，即：即使被告没有控制侵权者也可被判定承担侵权责任。Gershwin案中的被告是一个音乐会的推广人，通过受其赞助的当地音乐会协会来开展活动。进一步讲，判决构成帮助侵权从来不以实际知晓侵权活动为要件；只要被告有理由知道发生了侵权就足够了。在所谓的“舞厅”案中，娱乐场所的所有者总是为在其场所进行的未经授权的表演承担责任，即使他们并不知道该受版权保护的作品正在被表演。事实上，在那些案件中，财产所有者被推定为知悉该表演从而承担责任。

在这些案件中法院以被告具有监督和控制侵权活动的能力为苛以责任的先决条件。法院试图以“存在控制”为由将本案与这些案件区别开来明显不能令人信服。直接侵权者通常不是受雇于被判承担责任者；相反，他可以是一个独立缔约人，他也不总是被判侵权者的代理人。

被告知悉侵权行为违反了版权法也不是一项必要条件。1976年《版权法》第504条第（c）款第（2）项规定，如果侵权人能够证明他“不知道也没有理由相信其的行为构成了对版权的侵犯”，那么可以要求降低损害赔偿额，但这并没有豁免那些相信自己的侵权活动是合法的人。而且这样的豁免在本案中也是没有意义的，因为原告寻求的是预期的救济。一旦法院判定该争议所涉及的复制是侵权行为，那么被告不可能不知道未来的情形。本案中索尼有理由知道Betamax将被用于录制有版权的电视节目，这是不争的事实。

地区法院还认为索尼没有引起、诱使或实质上帮助了Betamax所有者的侵权活动。然而在这样的案件中，诱因可以是间接的；不依赖于特定的Betamax所有者对特定的广告发生依赖这样的证据。不久前本院在另一类似的案件中，支持了下级法院的结论，制造商“建议甚或仅仅是暗示”零售商用该制造商的产品去侵犯其他人的商标权，则该制造商就应当承担促成商标侵权的责任。这项判断标准在版权法下也是适用的。

地区法院断定索尼在做广告时，宣传Betamax是适合于录制“喜爱的电视节目”、“电视剧”以及“经典电影”，没有警告说这样的录制会侵犯版权。因为有了Betamax或其他类型的磁带录像机的帮助，在家的电视观众可以通过录制未被现场收看的节目来侵犯版权。录制未被现场收看的节目不仅是Betamax可被预料到的用途，事实上还是它实际的用途。在这种情形下，我同意上诉法院的意见，如果录制未被现场收看的节目是对版权的侵犯，那么索尼诱使并实质上促成了Betamax所有者的侵权行为。

B

索尼抗辩说曾被用作侵权的产品的制造商或卖方可以免于承担侵权责任，只要产品能被用于实质性非侵权使用。地区法院借用决定专利侵权中帮助侵权责任的“日常用商品”原则支持了这项抗辩。我不认为专利法中这项由法官创制的技术性原则可以被版权法完全借用。除了两法共同的宪法渊源外，专利保护和版权保护并不是以平行方式共同发展。

然而，我不否认隐含在“日常用商品”原则的许多考虑在版权法中也存在。就像地区法院所说的，如果让每种被用于侵权的产品的制造商或销售商都承担帮助侵权责任，那就会阻碍商业的发展。

我对此的结论是，只要产品用途的相当一部分是非侵权性的，制造商和销售商不应对产品的侵权使用承担帮助侵权责任。然而如果事实上产品的用途都是侵权性的，则制造商和销售商就要承担帮助侵权责任；如果没有人会仅为了非侵权用途去购买产品，那么显然制造商有意从产品的侵权使用中获利，这时也应被科以上述侵权责任。在这样的案件中，版权所有者的垄断不会超越适当的界限；而这样一种产品的制造商帮助了他人的侵权活动并从中直接获利，同时没有对公众带来任何利益从而可以使这种侵权正当化。

上诉法院的结论是索尼应该为帮助侵权承担责任，理由是“制造、宣传和销售录像机的唯一目的是为了复制电视节目”，并且“事实上所有的电视节目都是版权作品”。我赞同第一个理由，对第二个理由持怀疑态度。关键问题不是有多少电视节目是受版权保护的作品，而是磁带录像机的使用量中有多少是属于侵权使用。双方当事人及其法律顾问在这两个问题上争执不休。磁带录像机被用于侵权的比例是一个事实问题，而地区法院拒绝就“合法家用录制和非法家用录制的比例”作出裁决。以我对法律的理解，解决这个实际问题对本案至关重要。我倾向于将案件发回让地区法院就此问题作更深的调查。

VI

本院事实上运用了一个和我刚才所概括的完全不同的方法。我个人认为本院的方法戏剧性地改变了合理使用的原则和由国会和法院发展出来的帮助侵权制度。该案的判决也破坏了这些原则所努力达成的一致性。

法院达成的结论是调整节目观看时间是一种合理使用。理由有二：

法院的第一个理由是许多版权所有者并不反对调整节目观看时间，“被上诉人也无权阻止其他版权所有人许可这种做法”。法院对此解释说，判决索尼承担帮助侵权责任会“不可避免地阻碍那些只能靠观众自行调整节目时间来达到一定收视率的节目播放者的利益”。这种理由仅仅混淆了责任和给予合适救济的困难性两个不同的问题。如果禁止销售磁带录像机可能会损及那些不反对他人录制其节目的版权所有者的利益。但只有在确定责任后，该决定给予合适的救济赔偿时才应该这样考虑。救济措施完全可以和受许可的调整节目观看时间的做法并行不悖。上诉法院曾提及可以采取支付使用费的方式，从而使得磁带录像机得以继续销售，调整节目观看时间的做法也能继续下去。当事各方还可以设计出其他特别的救济措施。索尼可以生产一种能够使节目播放者弄乱节目信号并干扰未经授权的录制的磁带录像机。随着技术的发展，一项合适的救济会变得可行。

本院判决索尼不承担帮助侵权责任的第二个理由是未经授权调整节目观看时间也是一种合理使用。这项结论让人更摸不着头脑。法院认为合理使用原则像一般理性的公正规则那样起作用。这其实是误解了该项原则，忽略了版权法确立的合理使用的原则——“为了批评、评论、新闻报道、教学、学术研究或探索”，这些都是有价值的使用。的确立法历史反复提到该原则必须弹性地适用于个案，但这些都出现在提及有价值使用的上下文中，这种对合理使用的限制和该原则目的相符。无法推论说合理使用原则可以被应用于如本案中的纯个人消费领域，而法院这样应用实际上否定了合理使用原则的内在力量，而实际上正是这种力量引导着该原则的发展。

绕开了要证明该使用是合理的这一障碍后，本院试图将版权法中明确规定的四个考虑因素运用于调整节目观看时间这种做法。第一个因素是“使用的目的和性质，包括该使用是否具有商业性或是为了非营利的教育目的”。法院确信地认定调整节目时间是一项非商业非营利的活动。但对节目的未经许可的个人使用显然不是第 107 条第（1）款所要保护的。该条意在鼓励使用者通过从事那些会增进他人福利的活动。就像一个评论家所说的，偷窃珠宝并借以装饰自己而不是出卖也是非商业性的，调整节目观看时间的非商业性与此没什么两样。纯粹为个人消费而使用当然不是合理使用原则所要保护的。

其后两个版权法上的考虑因素都被法院所忽略了。第二个因素“版权作品的性质”坚定地支持了调整节目观看时间是一种侵权使用的观点。指导运用该因素的基础是那些“靠努力多于靠创意或发明”的作品只需比其他原创作品更低的保护即可。信息类作品（像新闻报道）应该被许可给他人进行有价值使用，比起创造性的娱乐作品其享有的保护更少。但是，索尼自己的调查显示娱乐性节目的录制占到用 Betamax 录制节目的 80% 以上。

第三个因素是“被使用部分的数量和实质性”，这个因素对法院的解释更具毁灭性。所有磁带录像机的所有者都录制了整个作品，这是不争的事实，因此也就创造了一个对原版权作品完全的替代品。合理使用原则意在允许个人在进行有价值使用时复制原作品的一小部分以满足他们自己进行有价值生产的需要。调整节目时间不可与这样的活动相提并论，而且对作品的完全复制可能就足以排除对其适用合理使用原则。

第四个因素需要衡量“使用对版权作品的潜在市场和价值的影响”。也是法院最关注的一个因素，但法院又一次曲解了法律。如上所言，版权法要求法院考虑使用对版权作品的潜在市场和价值的影响。法院竭尽全力去证明对磁带录像机的使用没有减损制片商的版权作品在现有市场上的价值。即使事实的确如此，那也仅仅是探询该问题的开端。磁带录像机的发展为制片商的作品创造出了一个新的市场。这个市场由那些想要在节目播出时间之外的其他时间观看电视节目的人和那些购买了磁带录像机从而能够自行调整节目观看时间的人组成。因为自行调整节目观看时间需要录制制片商有版权的作品，而制片商有权分享这个新市场带来的收益。这些收益现在全由索尼通过销售 Betamax 录像机而享有。被上诉人仅需证明如果他们能够从这个新市场得到补偿，那么他们的版权作品的价值就会增加，来表明他们的确因磁带录像机的使用而受到损害。而这又是不言自明的。

因为法院结论关注的是调整节目观看时间的合法性，因此从来没有考察非侵权使用的数量，这是制造商为了把自己从帮助侵权者的责任中解脱出来而必须证明的，因此很难讨论法院判定帮助侵权的标准是如何通过对调整节目观看时间的合理分析而有效运作。但是，法院确立的该标准的其中一方面却值得探讨。法院认为产品制造商不应承担帮助侵权责任，只要该产品具有实质性非侵权用途。实质性非侵权用途这样一个定义实质上使得帮助侵权的概念分崩离析。只有最没有想象力的制造商才无法证明一个影像复制产品具有实质性非侵权用途。

VII

上诉法院判定索尼承担责任，将案件发回地区法院，让其给予禁令或其他救济措施。上诉法院建议，给予损害赔偿金或持续性的使用费，甚或是一定限度的禁令，这些都是在本案中实现公平正义的适当方法。我对此表示同意。尽管我并不特别偏好某种特殊的提议，但我确信如果本案中索尼公司被判承担责任，那么地区法院一定会给出一个适当的救济措施。地区法院可能会认为持续性的支付使用费或其他衡平法上的救济是不可行的。那么在证明了侵权行为的存在后，制片商也有权得到制定法所规定的损害赔偿。但给予救济的困难性和救济完全不可行的可能性不应该影响我们对版权法的解释。

就像版权法和新技术之间的相互作用引起的许多其他问题一样，“除非国会采取行动，本案的问题不可能得到令人满意的解决”。但在缺乏国会的解答时，法院不应该拒绝适用法律来规避相关难题。我们必须“以我们的理解来适用版权法”，并“尽可能不损及版权法的传统法律原则”。

评论：

本案判决由美国最高法院在1984年1月以5:4的多数作出：为了在家庭中“改变观看时间”使用录像机录制电视节目构成对版权作品的“合理使用”；索尼公司出售具有“实质性非侵权用途”的录像机并不构成“帮助侵权”。这是自1976年美国重新制订版权法以来，最高法院第一次就“合理使用”和“帮助侵权”这两个版权法中的复杂问题做出判决。“索尼案”在“合理使用”和“帮助侵权”方面所确立的规则在此后20年间产生了深远的影响。

法院在本案中面临的两个问题为：第一，个人消费者使用Bebamax录像机在家庭中录制享有版权的电视节目是否构成版权侵权，即是否构成合理使用的问题？第二，索尼公司是否因其制造并销售Bebamax录像机，而应为他人使用录像进行的侵权的行为承担“间接责任”？

关于第一个焦点即合理使用的问题，《版权法》第107条列举了供法院考虑的四个要素：“使用的性质和目的”；“被使用作品的性质”；“被使用部分的数量和重要性”；“使用对于作品潜在市场和价值的影响”。法院在个案分析的基础上可以自由地将这些因素适用于特定的情况。对消费者使用录像机录制电视台播出的电影而言，第二和第三个因素是不利于认定“合理使用”的，因为电影作为一种具有高度创造性的作品，应当受到最高程度的保护，而消费者录制的显然又是一整部电影作品。因此，本案焦点主要集中在第一个和第四个因素上。

关于第一个因素，本案原、被告双方都同意消费者使用Bebamax录像机的首要目的是“改变观看时间”，即在不方便收看电视直播的节目时将其录制下来，在观看过一次后就洗掉以录制其他节目。这种复制行为的“性质和目的”是否有利于认定“合理使用”呢？少数派法官认为：录制电视节目供个人欣赏并不是一种“能够创造价值的使用”，只要版权人能够证明这种使用有对其“作品的价值和潜在市场”有损害的“可能性”，就足以认定其不构成“合理使用”。多数派法官则反对将“合理使用”局限于“能够创造价值的使用”，认为使用是否能够“创造价值”并不是决定性的标准。多数派法官因此认定：由于使用录像机“改变观看时间”属于“非商业性和非盈利性的”，版权人只有能够证明“这种特定使用行为能够造成损害”，或者“如果这种行为变得普遍，会对作品的潜在市场造成负面影响”，才可能使法院认定这种使用行为不构成“合理使用”。

在第四个因素上，少数派法官认为：原告已经通过指出录像机录制影响其收入的方式证明了“潜在的损害”。而且录像技术的出现为版权人创造了新的市场：那些在节目播出时无法观看的观众愿意为了在其方便的时间观看而付费，而索尼公司的录像机剥夺了电影公司开发这片市场的能力。法院没有认定使用录像机造成的损害只是因为“错误地分配了举证责任”。

而多数派法官则认为仅仅指出“潜在的损害”是不够的，还必须证明发生损害的“现实可能性”。由于初审事实认定“改变观看时间”并没有导致对原告作品的潜在市场或价值的显著损害。因此，多数派法官据此得出结论：“在家庭中改变观看时间”构成合理使用。

关于第二个焦点即间接责任的问题，由于索尼公司在销售录像机之后就无法控制用户的使用行为，不具有“监督他人侵权行为的权利和能力”，因此多数派与少数法官一致认定索尼公司不承担“代位责任”。但双方在索尼公司是否构成“帮助侵权”问题上却发生了重大分歧。少数派法官认为：“如果产品实际上的一切用途就是去侵权”、“没有人会单独为非侵权的目的去购买产品，则制造商明显是有意从侵权行为中获利，要求其承担责任是合适的。”因此索尼公司是否承担责任的关键在于“录像机的用途中有多少是侵权的”。多数派法官则参照美国专利法中的“通用商品原则”，第一次在版权法领域提出了判断产品的制造商和销售商是否构成“帮助侵权”的标准：如果“产品可能被广泛用于合法的、不受争议的用途”，即“能够具有实质性的非侵权用途”，即使制造商和销售商知道其设备可能被用于侵权，也不能推定其故意帮助他人侵权并构成“帮助侵权”。据此，多数派法官判决索尼公司向公众出售录像机的行为并不构成“帮助侵权”。

“索尼案”最深远的影响在于拒绝以作品的使用是否能够创造新的价值作为判断“合理使用”的决定性标准，而承认纯粹为个人欣赏而复制作品可以构成“合理使用”。尽管这一结论高度依赖于地区法院有关消费者很少跳过广告和长期保存电影录像这一具体事实，但它毕竟是在以往判例从未支持“完全为了使用者的利益而复制作品可构成合理使用”的情况下，第一次明确承认：在不至于对版权人“作品的价值和潜在市场”造成显著损害的前提下，消费者可以为个人利益而复制作品。这对于高科技时代保障消费者获取作品的能力、维系版权人与公众的利益平衡关系是具有重大意义的。

然而，“索尼案”创设的“实质性非侵权用途”标准却存在潜在缺陷。虽然这一规则对于录像机、复印机、印刷机这些特定通用产品显然是合适的，但它并不是基于“侵权用途”与“非侵权用途”在数量上和实际应用中的对比，而仅仅将产品“能够具有”“一种”“潜在的”、实质性的非侵权用途作为制造商和销售量免责的充分条件。如此宽松的要求为故意设计一种主要用途在于侵权，却具有至少“一种”“潜在”的合法用途的产品打开了方便之门。少数派法官尖锐地指出：“这实质上使帮助侵权的概念形同虚设。只有那些最缺乏想象力的制造商才不能证明一种影像复制产品不‘能够具有’实质性的非侵权用途。”

第三节 戏　仿

Campbell v. Acuff-Rose Music, Inc.
510 U. S. 569 (1994)
美国联邦最高法院

案由：

1964 年 Roy Orbison 与 William Dees 写了一首摇滚歌曲“Oh, Pretty Woman”，并将该歌曲的权利转让给被告 Acuff-Rose 音乐公司。Acuff-Rose 将该歌曲注册取得版权。上诉人 Luther R. Campbell、Christopher Wongwon、Mark Ross 与 David Hobbs 为一著名饶舌音乐团体，名为“2 Live Crew”。1989 年 7 月 5 日，2 Live Crew 的经理人告知 Acuff-Rose，2 Live Crew 写了一首“Oh, Pretty Woman”的戏仿歌曲，他们支付其使用的费用，随函还附上歌词与 2 Live Crew 所录制的歌曲。Acuff-Rose 的代理人拒绝了该项要求。1989 年的 6、7 月，2 Live Crew 发行了包括 *Pretty Woman* 的专辑“*As Clean As They Wanna Be*”的唱片、录音带、CD。在磁带专辑和 CD 中，*Pretty Woman* 的作者为 Orbison 与 Dees，发行人为 Acuff-Rose。

法院意见：

I

毫无争议，对于 2 Live Crew 的歌，如果不能通过戏仿证明是合理使用，那么该歌曲就侵害了 Acuff-Rose 依据 1976 年版权法对“Oh, Pretty Woman”享有的版权。

从版权保护的初始阶段，允许合理使用受版权保护作品就被认为能够更好地实现版权法“促进科学和有用艺术发展”的目标。Story 法官指出，实际上，在文学、科学和艺术领域，很少有抽象的东西能够被称为严格意义上的全新或者完全原创。文学、科学和艺术领域内的每本书都会而且必须借鉴并使用许多已经广为人知且多次被使用的东西。类似的，Ellenborough 法官也认为有必要在保护受版权保护作品的同时也允许他人在该作品基础上进行创作，他的观点在以下论述中能够体现出来："虽然我们有责任保护每个权利人享有其版权带来的利益，但是我们不能限制科学的发展。"

A

在判断合理使用时，需要考虑的第一个因素是"该种使用的目的和特征，包括这种使用是商业性质还是用于非营利性的教育目的"。在判断是否为合理使用时，第 107 条中所给的例子能够给我们以指导，这些例子主要是讨论某种使用是批评、评论还是新闻报道，或是其他类似的用途。用 Story 法官的话说，这种考察的主要目的就是看新作品到底是"替代了原作的目标"，还是带着进一步的目的在原作上添加了新的东西，或是为了改变原作特征而添加了新的东西，在原作的基础上变更了表达方式、含义或者传递的信息。换句话说，就是考察一部新作品是否并且在多大程度上具有"变异性"。虽然变异使用在认定合理使用时并不是绝对必须的，但变异作品的产生深化了版权法"促进科学和艺术发展"的目标。合理使用原则保证了即使在版权法的限制内，作者也还有发挥空间，而变异作品是合理使用原则的核心内容；新作变异性越突出，其他能够否定合理使用的因素的重要性就越小，例如商业性。

B

第二个法律因素是"受保护作品的性质"，用 Story 法官的表述方式就是"被使用作品的价值"。这个因素需要人们首先认可：一部分作品比其他作品更贴近版权保护的核心，因此当这一部分作品被复制使用时，很难成立合理使用。本院同意地区法院和上诉法院的意见，认定 Orbison 作品创造性的表达方式属于版权保护的核心范围内。但是这个事实在本案中没有多大价值，因为戏仿作品几乎都要利用广为人知的具有表现力的作品。

C

第三点即考虑"所使用的部分及其实质与被复制作品整体的关系"（用 Story 法官的话说就是"被使用材料的量和价值"）相对于复制的目的来说是否合理。此时，我们考查的重点就变为戏仿者能否说服法官认定其特定复制行为的合理性，这又使我们回到了对于第一个法律因素的认定上，因为我们认为被允许复制使用的程度因该种使用的目的和性质的不同而有区别。

地区法院考虑到 2 Live Crew 所写歌曲戏仿的目的，认定 2 Live Crew 并没有过量使用原作品。上诉法院不同意此观点，论述道："虽然戏仿歌曲仅仅从原作品中取用了必要的部分，但是这部分从质量上看是很重要的……我们认为，取用原作的核心部分并将其作为新作品的核心，是窃取了原作品本质中一个重要的部分"。

上诉法院认为在考查这第三点时不仅应当考查被使用材料的量，还应当考查该部分内容的质和重要性。例如在 *Harper & Row*，案中，The Nation 从福特总统的回忆录中仅仅取用了几百字，但我们注意到了该引用部分的重要性，认定这部分构成"纪念册的核心"，是书中最具新闻价值的部分，是许可连载时最重要的部分。我们也同意上诉法院的下述意见："侵权作品是否有相当分量的部分是逐字逐句的仿照被复制作品"是本案需要考查的问题，因为这关系到是否缺乏第一点所要求的变异性质或目的，也关系到第四点中的市场损害问题。一部作品，如果主要是由原作品内容构成的，特别是原作的核心，而几乎没有进行添加或改变，那么该部作品很可能仅仅是原作的替代品，能够完全满足对原作的需求。

本法院与下级法院的不同之处在于如何将这些指导性规则适用于戏仿作品，特别是适用于本案涉及的戏仿歌曲。戏仿中的幽默或者评论，是通过歪曲模仿使人联想到原作而产生的，其艺术性就在于广为人知的原作与其戏仿版作品的对比之中。当作者确定将某个作品进行戏仿时，戏仿的作品必须包含足够的内容至少能够让观众识别出其戏仿的对象是什么。要让观众能够识别原作品，就需要引用原作中最突出、最令人难忘的特征，这些特征是戏仿者确信观众知道的。当引用了足够的内容保证作品原型能够被识别出之后，再引用多少还属于合理范围就依赖于从歌曲目的和特性看，该歌曲旨在从多大程度上讽刺、改变原作；或者相对的，依赖于戏仿作品替代原作品的可能性有多大。

上诉法院认定 2 Live Crew 对歌曲 *Oh, Pretty Woman* 的使用不合理，本院认为上诉法院做出这种判定是因为没有充分认识戏仿作品对于可识别的画面或者声音的需要，该"可识别"是指画面或者声音能够使观众识别出被仿制的作品。2 Live Crew 确实复制使用了原著作开场白的低音乐章及 Orbison 歌曲的第一段，但即使取用的这些内容是原作的"核心"，这也是合理的，因为大多数情况下"核心"才能够使人联想到被仿制的作品，戏仿作品就是要取用核心部分。在戏仿中，不会仅仅因为复制使用了原作的核心就认定戏仿作品中的复制超出了合理范围。如果 2 Live Crew 复制的是原作中显然很难被人记住的内容，那么我们很难看出新作品中戏仿的特点。

当然这并不是说任何一个戏仿者都可以随意使用原作的内容。如同新闻报道，在戏仿中上下文是很重要的，在判断是否为合理使用时，就应当看幽默复制品作者除了取用原作的核心外还做了哪些工作。本案中很重要的是，2 Live Crew 复制了原作的第一句歌词后，其后面的内容明显显示出了与 Orbison 的歌词不同的目标。2 Live Crew 也不是仅仅复制且重复了开场白的低音节奏，还添加了其他明显的声音，例如刮刀的噪音、不同声调的独唱以及不同的击鼓声等。本案中的戏仿歌曲并非逐字逐句地复制原歌曲。而且，戏仿者添加的部分相比其取用的部分来说，并非“如此微不足道”以至于要因此否定合理使用。

在歌词方面，我们认定上诉法院的意见是正确的，即戏仿歌曲仅仅从原歌曲中取用了“必需的部分”。鉴于这一点，即使戏仿作品取用了原作的“核心”，在考虑戏仿目的的情况下，我们无法认定本案中的复制使用超出了合理范围。对于本案所涉音乐重复开场白低音节奏是否复制过量的问题，我们不发表意见，发回下级法院重审。我们要求下级法院对新作品取用旧作品的量进行评价，在评价时要考虑以下方面：歌曲戏仿的目的和特性、歌曲中的变异成分以及市场替代的可能性。

D

合理使用的第四方面是“该种使用对原作潜在市场或价值产生的影响”。在考虑这一点时，法院会考虑以下两方面：第一，确定由所谓的侵权者实施特定行为造成的市场损害程度；第二，所谓的侵权者在大范围内实施无限制的行为是否会对原作品的潜在市场造成实质性的负面影响。在考虑对市场造成的影响时，不但要考虑对原作品市场造成的损害，还要考虑对原作品衍生作品的市场造成的损害。

由于合理使用是积极性抗辩，如果缺少相关市场的有力证据，提出该项抗辩的人很难证明合理使用。在申请简易判决的过程中，2 Live Crew 陷入了一个不利的境地：他们没有证明其使用对于原作衍生品市场的影响，仅仅局限在证明其使用对于原作的市场没有影响，但他们不应当承担上诉法院所适用的证据假设。在评估显著市场损害的可能性时，上诉法院引用了另一判决中的下述语言：“如果作品意图被用于商业目的，我们应当假定有市场损害。但如果被用于非商业目的，则市场损害应当加以证明。”法院认为，因为本案中对于受版权保护作品的使用完全属于商业性质……我们假定该种使用将来会对 Acuff-Rose 产生损害。鉴于此，上诉法庭作出了商业用途效果的假设，从而认定 2 Live Crew 的使用不满足第四项，不构成合理使用。但是，本法院认为上诉法庭作出的假设是错误的。

II

上诉法院认为，2 Live Crew 的戏仿音乐“Oh，Pretty Woman”的商业性质使该歌曲被假定为不构成合理使用。在确定一项变异使用（例如戏仿）是否是合理使用时，没有这样的证明力推定措施能被用来解决第一种因素即性质和使用目的，以及第二种因素即市场损害。考虑到本案中使用的戏仿目的，上诉法院所认定的“2 Live Crew 过量复制 Orbison 原作”是错误的。因此，我们推翻上诉法院判决，并要求下级法院按照本院意见进一步审理。

评论：

在美国版权法理论中，“戏仿”（parody）特指通过模仿原作内容而对原作加以讽刺或批评的创作形式。《布莱克法律辞典》将知识产权法中“戏仿”的用法定义为：“对知名作品进行转换性使用，以达到对原作进行讽刺、嘲弄、批判或评论的目的，而不是仅仅借用原作引起人们对新作品的注意。”本案即为戏仿作品的权威案例。

虽然对原作的模仿通常是以引人发笑的形式表现的，“滑稽”或“引人发笑”并不是构成“戏仿”的前提条件。但“模仿”对于“戏仿”而言是必不可少的，因为戏仿的效果很大程度上来源于读者、观众或听众对原作内容的熟悉。同时，“模仿”原作的目的必须是为了对原作本身进行讽刺或批判，以利用改造之后的原作内容反映模仿者与原作相对立的观点、立场或思想感情，从而达到其他形式文艺作品所无法实现的独特效果——使原作的内容成为讽刺、批判原作本身的工具。如果“模仿”原作不是为了对原作本身进行讽刺或批判，而仅仅是为了一般的娱乐目的或讽刺、批判与原作无关的其他对象，则由此形成的新作品并不是著作权法意义上的戏仿，它也不可能享受著作权法对“模仿讽刺作品”的特殊待遇。由于“模仿”的结果必然是大量采用与原作相似的“表达”，在“模仿讽刺”的结果符合独创性的要求，从而构成“模仿讽刺作品”的情况下，这一新作品在内容上不可避免地会与原作有实质性相似，甚至往往是高度相似之处。此时“模仿讽刺作品”必然构成原作的“改编作品”。

在通常情况下，对“改编作品”的后续利用是受到原作著作权“改编权”控制的行为。如果他人未经著作权人许可而对其作品进行改编，并以发行等手段利用改编之后的新作品，即构成对原作作者“改编权”的侵犯。例如，未经许可即将他人创作的小说绘制成漫画，即是以漫画形式表达了原先以文字讲述的故事，并公开出版发行，就构成对“改编权”的侵犯。

如果作为“改编作品”的“模仿讽刺作品”对原作的改编不能被认定为“合理使用”，则擅自对他人作品进行“模仿讽刺”并加以利用的行为构成对“改编权”的侵犯。因此，作为一类作品形式，“模仿讽刺作品”是否能够被合法地自由创作和利用即取决于它是否为“合理使用”的产物。

首先，“模仿讽刺作品”可以构成对原作的“转换性使用”，成为一种特殊形式的“评论”。在各国著作权法中，为了对作品进行评论而适当地引用作品被公认为“合理使用”。我国《著作权法》也明确规定：为评论某一作品在作品中适当引用他人已经发表的作品是“合理使用”。之所以有这一规定，美国版权法中的“转换性使用”理论可以很好地回答这一问题，并成为判断“模仿讽刺作品”性质的依据。所谓“转换性使用”，是指对原作的使用并非为了单纯地再现原作本身的文学艺术价值或实现其内在功能或目的，而是通过增加新的美学内容、新的视角、新的理念或通过其他方式，使原作在被使用过程中具有了新的价值、功能或性质。美国法院认为：使用越是具有“转换性”越有可能构成“合理使用”。甚至商业性地使用原作也可因此而构成“合理使用”。这是因为“转换性使用”推进了版权法促进文艺发展的终极目标。美国最高法院在campbell案中指出：如果新作只对原作进行了微不足道的讽刺，却大量使用了原作中的内容，并不构成“转换性使用”。

其次，“模仿讽刺作品”必须大量借用原作内容，其“适当性”应从“讽刺”的需要加以考虑。一般情况下，认定“合理使用”要考虑被使用部分在原作中的长度与重要性。被使用部分占原作的比例越大，越是处于核心地位，就越难以成立“合理使用”。但是，正是由于“模仿讽刺作品”在创作上的特殊性，美国法院承认：必须允许“模仿讽刺作品”充分地使用原作中的内容，甚至引用原作中最突出和给人留下最深刻印象的部分，以确保能够“唤起”人们对原作的回忆。

第四节 版权滥用抗辩

Lasercomb America, Inc v. Reynolds

911 F. 2d 970 (1990)

美国联邦第四巡回法院

案由：

1983 年，在 Lasercomb 公司（原告）对其开发的 Interact 程序进行大规模的市场销售以前，其许可 Holiday 钢铁公司（被告）使用其未发行的 Interact 程序的四份软件拷贝。Holiday 钢铁公司对于第一份拷贝向 Lasercomb 公司支付 35 000 美元，第二份和第三份则每份支付 17 500 美元，第四份支付 2 000 美元。Lasercomb 公司告知 Holiday 钢铁公司，如果其以后再购买该软件，每份的价格将为 2 000 美元。其后，Holiday 钢铁公司规避了 Lasercomb 公司在该软件上设置的保护措施，并且在其计算机系统上非法复制了 3 份未经授权的 Interact 软件拷贝。Holiday 钢铁公司受到成功的复制行为的鼓舞，创造了一种称为“PDS - 1000”的软件程序，该程序几乎是 Interact 程序的直接复制，而且 Holiday 钢铁公司还将其作为自己的 CAD/CAM 软件进行市场销售。

Lasercomb 起诉版权侵权，Holiday Steel 承认复制了 Lasercomb 的软件，但以版权滥用提出抗辩。地区法院首先作出了有利于 Lasercomb 的判决，驳回了 Holiday Steel 关于版权滥用的抗辩。第四巡回法院负责上诉审。该案主要争议就在于 Lasercomb 是否滥用了其版权。

法院意见：

上诉人提出，Lasercomb 公司在其标准许可协议中加入了“阻止被许可人从事任何形式的计算机辅助的制造模具软件”的条款，因此构成版权滥用。许可协议中被认为有版权滥用嫌疑的条款是：D 款：被许可人同意，在协议有效期内，不允许其管理者、高级职员以及雇员直接或者间接书写、发展、生产或者销售计算机辅助的制造模具软件。E 款：被许可人同意，在协议期间以及在协议终止后 1 年，没有 Lasercomb 公司事先的书面授权，其不得从事直接或者间接书写、发展、生产或者销售，也不得协助他人从事书写、发展、生产或者销售计算机辅助的制造模具软件的行为。在没有 Lasercomb 公司事先的书面授权，被许可人从事的上述任何活动都将使得 Lasercomb 公司在本协议中所承诺的任何保证或同意无效。本协议的有效期为 99 年。

地区法院拒绝了版权滥用的抗辩，其理由有三点：第一，被告并没有明示同意被宣称构成版权滥用的合同条款；第二，考虑到计算机软件的精密以及敏感的特性，订立这样的条款是合理的。第三，法院质疑“版权滥用原则”这一抗辩理由在美国法上是否已经确立。第四巡回法院对上述三条理由逐一作了分析。上诉法院指出，该许可协议禁止被许可人在合同期间（99 年）以及期满后 1 年内不得自行创作和被许可软件相竞争的软件。因此，“Lasercomb 这一许可协议企图禁止被许可人使用被许可软件中的思想”。而且，这一禁止将持续 99 年的时间，这一期限甚至比 Lasercomb 版权的期限都长，因此这一条款是完全不合理的。

关于版权滥用的问题，上诉法院认为，版权滥用这一抗辩理由固有的存在于版权法中，就像作为抗辩理由的“专利权滥用”固有的存在于专利法中一样。因为版权与专利权实现的是相类似的公共利益，为了得出这个结论，上诉法院首先分析了英国专利法和版权法的发展史。接着，上诉法院指出，美国宪法的制定者延续了英国知识产权法的发展趋势，并且认为受到版权保护的权利与受到专利权保护的权利应当被给予同等对待。在赋予美国国会制定版权法与专利法的权力时，宪法制定者将版权与专利权这两个概念规定在一个条款中，并且认为其具有共同的目的——促进发展。美国宪法第 1 条第 8 款第 8 项规定：“为了促进科学和实用技术的发展”，国会“有权保障作者和发明者在有限的期间内就他们各自的作品和发现享有专有权利”。专利权滥用这一抗辩理由在美国法上已经被确立了。Morton Salt Co. v. G. S. Superego Co. 案是美国法上正式确立专利权滥用原则的里程碑式案例。该案于 1942 年由美国最高法院判决，首次确立了专利滥用原则在侵权诉讼中的应用。原告对一种在食品罐头中放置盐粒的机器享有专利，同时还生产不受专利保护的盐粒。原告在出租机器时要求承租人必须从原告处购买盐粒。被告和原告为竞争者，原告起诉被告侵犯专利权。最高法院指出：“专利法在授予特定专利权的同时，也将其他一切都清楚地归于不受专利权保护的范围。专利法禁止他人使用受到排他性保护的对象，但也禁止权利人以违反公共政策的目的来使用该专利”；该案搭售行为构成滥用的理由是“这种行为超越了专利权的范围，违反了法律最初授予专利权的公共政策考虑，是违背公共利益的”。最为重要的是，最高法院明确表示：“专利权滥用可以作为专利侵权诉讼中的抗辩，而某一行为是否构成滥用和该行为是否违反反垄断法无关”。根据这一判决，一旦专利权人的行为构成滥用，专利滥用行为导致专利权人无法得到所有的救济，哪怕其滥用行为和该案中的交易没有任何关联。除非违法法行为已经被放弃、且滥用行为的影响已经被清除干净，否则专利权人就不能得到任何救济。

Morton 案判决构筑了美国法上专利权滥用原则的基本框架，并由此确定了一个非常宽泛的专利滥用判断标准——只要专利权人将专利垄断延伸到了不受专利保护的对象，违反了法律最初授予专利权的公共政策考虑，就构成专利权的滥用，而无需考虑专利权人的行为是否违反了反垄断法。在美国法上，公共政策是考虑社会普遍公共利益或福利的一般性法律原则。依据该原则，任何人试图违背社会公众或损害公共利益都是非法的。公共政策是基于公众需要的司法规则，亦是对法律予以解释的原则。在司法判决中，它是一种法理渊源，是法官裁决的理由之一。它通常是禁止性的，极少是授权性的。判定是否违反公共政策，不是依靠证据，而是依据是否合乎公共利益的司法形象。

在 Morton 案中，最高法院认为，之所以给予发明者以专利权这种特殊的特权，是为了实施为美国宪法所承认的公共政策原则。但是公共政策禁止利用专利权实施美国专利局所没有赋予的独占权。因此，最高法院支持了“专利权滥用”作为侵犯专利权诉讼中的一个合理的抗辩理由。

在回顾了最高法院上述判决的历史之后，第四巡回区上诉法院指出，自从 Morton 案后，专利权滥用被普遍认为是专利侵权中的抗辩理由，但是版权滥用原则是否存在并不确定。原因是最高法院至今并没有在任何一个判决中，明确地支持版权滥用原则。上诉法院认为，既然版权与专利权实现的是相类似的公共利益，“滥用”这个抗辩理由就应当同样的适用于专利权和版权。专利法和版权法都是通过给予发明者和作者，以在有限的期间内对其智力成果享有某种垄断权来促进人类知识的进步和艺术的发展。同时，被赋予的垄断权不能超出专利权或者版权所覆盖的范围。因此，该法院认为，在 Morton 案中确立的“滥用”这一抗辩理由也应当适用于版权领域。这样，第四巡回区上诉法院就第一次在美国历史上，确立了“版权滥用”可以作为侵犯版权的抗辩理由。

同时，法院指出其并非否认 Lasercomb 版权的存在，假如将来 Lasercomb 不再滥用其版权，一样可以提起侵权之诉。

评论：

Lasercomb 一案在版权滥用问题上意义非常重大：首先，第一次有巡回法院明确肯定了在侵权案件中可适用版权滥用作为抗辩，而且第一次有法院以原告滥用版权为由而拒绝向原告提供侵权救济。其次，第四巡回法院在该案件中为版权滥用抗辩确立了一个非常宽泛、灵活的标准，使得法院拥有充分的自由裁量权来决定是否以及如何适用版权滥用的抗辩。第四巡回法院在该案中回顾了专利滥用抗辩的发展历史，认为专利滥用抗辩背后的公共政策考虑也同样适用于版权滥用抗辩。第四巡回法院明确指出，Morton 案的判决同样也可以在版权领域中适用。事实上，正是在 Morton 案的影响下，Lasercomb 案中确立的版权滥用抗辩，非常类似于衡平法上“不洁之手”原则。第四巡回法院认为版权所有人必须是“干净之手”，即其必须在法律允许的范围内行使其版权，否则法院不会允许版权所有人提起侵权之诉。只要版权所有人行使版权时违反了版权法所体现的公共政策，被告就可以主张适用版权滥用的抗辩。被告无需主张以下证据：（1）版权所有人违反了反垄断法；（2）版权所有人的滥用行为直接影响到被告；（3）版权所有人和被告为互相竞争关系。因此，该案所设定的版权滥用判断标准之实质是，被告适用版权滥用的抗辩，并不需要证明原告违反反垄断法，关键问题在于原告版权的行使是否违反了版权法所体现的公共政策。与此同时，第四巡回法院也并未完全抛弃反垄断法的原则，认为在违反反垄断法的情况下也可以适用版权滥用的抗辩。因此，违反反垄断法仅是适用版权滥用抗辩的情况之一，但是并非必须的前提条件。

Lasercomb 案作为美国版权滥用原则中的经典案例，确定了版权公共政策即滥用行为是否阻碍了版权法内在政策之实现的标准。该标准最大的特点就是灵活多变，是否存在滥用将基于事实而定。只要版权所有人使用其版权来获得未经版权法授予的排他性权利或者有限的垄断，且和版权公共政策相违背，就会构成版权滥用。这一标准的政策考虑主要是基于版权法本身的立法目标，即版权的主要目的不是为了奖励作者，而是为了保障公众从作者作品中获得普遍的受益。只要版权人的行为违反了这一基本目的，即使不存在违反反垄断法的行为，版权滥用一样可以确立。因此，在版权所有人没有市场力量的时候，也一样可以从事版权滥用行为。

Practice Management Info. Corp. v. American Medical Association 121 F. 3d 516 (1997) 美国联邦第九巡回法院

案由：

该案基本案情如下：AMA（美国医疗联盟）出版了一本医疗程序术语（CPT）手册，该手册制定了特定的编码方式以代表特定服务。AMA将这些服务编码许可给联邦健康融资管理机构（HCFA），并要求HCFA不能适用其他编码系统，并且HCFA应要求所有成员使用这一编码系统。原告（PM）欲和AMA合作使用和出版CPT编码，却被AMA拒绝。因此，原告起诉要求宣告AMA在HCFA许可协议中的限制性措施已经构成版权滥用，且AMA不能向原告主张对CPT的版权。

法院意见：

地区法院拒绝适用滥用理论，反而认定侵权存在，并作出对AMA有利的裁决。在上诉审中，第九巡回法院裁决："由于AMA把CPT许可给HCFA，意在让HCFA承诺不使用其他竞争性的编码系统，AMA已经构成滥用版权。"法院认为在适用版权滥用抗辩的问题上，关键因素在于许可人"阻止被许可人使用其他竞争性的产品"，版权所有人的行为是为了从其竞争对手处获得"实质性不公平的优势"，并且这一行为违反了版权法所体现的公共政策。

评论：

Lasercomb案在美国司法界产生很大影响，引来数个巡回法院纷纷仿效。然而，由于"版权范围"和"公共政策"等概念非常宽泛，在实践中对其加以判断比较困难。在这样的形势下，第九巡回法院于1997年在Practice Management Info. Corp. v. American Medical Association案中，进一步明确接受了Lasercomb一案中确立的关于"适用版权滥用抗辩无需证明对反垄断法的违反"这一原则，并结合"竞争效果"进一步明确了公共政策标准。该案最为重要的意义是，第九巡回法院明确接受了Lasercomb一案中确立的关于"适用版权滥用抗辩无需证明对反垄断法的违反"这一原则，使得这一标准在巡回法院层面获得了更多的支持并逐渐成为主流标准。而且，第九巡回法院从“竞争效果”的角度出发，为判断“版权范围”提供了更为细致的操作指引。到目前为止，美国联邦地区法院和巡回法院已审理了一百多个涉及版权滥用的案例，大部分案例都遵循了上述两个经典案例的思路。因此，可以说这两个案例已经代表了巡回法院的主流意见。尽管公共政策标准似乎非常宽松，但是，司法实践证明，法院在判定滥用时，仍旧持非常谨慎的态度。法院并非完全不允许版权所有人通过许可协议对于被许可人施加一些限制。法院一般都会遵循 Practice Management Info. Corp 案的思路，重点考察版权所有人的行为是否阻碍了竞争以及是否禁止被许可人使用其他竞争性的产品。

Apple Inc. v. Psystar Corp.
673 F. Supp. 2d 931
美国联邦第九巡回法院（2011）

案由：

原告（被上诉人）是苹果公司，被告是 Psystar 公司（上诉人）是一家小型的计算机制造商。

Macintposh 系列系统是由苹果公司在 1984 年为其个人电脑系列开发，Mac Os X 是在 2001 年开发的。现在在苹果电脑销售的每台 Mac 电脑上都装有 Mac Os X 系统。苹果的软件许可协议要求该系统仅能在苹果电脑上使用。另外，苹果还以 DVD 形式单独零售 Mac Os X 系统，附以经授权的软件，但仅限于苹果现有客户将其苹果电脑更新到最新的运行系统为目的。苹果将每一版的操作系统都进行了联邦版权登记。在版权和许可协议之外，苹果电脑使用了密码锁技术措施来保证 Mac Os X 不被用于苹果之外的电脑。苹果公司的许可协议规定如下：本许可允许用户在一台带有唯一苹果商标的电脑上安装、使用、运行苹果软件的复制件。用户同意不在任何不带有苹果商标的电脑上安装、使用、运行苹果软件或者允许其他人这么做。

在 2008 年开始，P 公司开始制造和销售个人电脑，最早名为 Openmac，后来更名为 open computers。P 公司的这一电脑可以运行几个不同的操作系统，但是 P 公司最后决定将其电脑配以 Mac Os X 系统进行销售。P 公司购买了一个 Mac Os X 系统，并安装在 mac mini 计算机上，并使用该系统的自动更新特点下载了数个软件更新。P 公司然后将相关软件复制后装在一个非苹果电脑上并将其做为一个影像站，然后 P 公司将其自己的启动程序和操作内核安装在该影像站上，该电脑就成为“主影像”。P公司使用该影像站来复制主影像，再安装在P公司面向公众销售的其他电脑上。最后，P公司在销售其电脑时，除了附赠一份其安装在电脑上的主影像复制件，还附上一份从苹果公司或者其他正当渠道购买的Mac Os X系统软件，但是其电脑赖以运行的并非该正版软件，而是P公司安装在电脑上的那份改变后的苹果软件。

苹果公司以侵权为由对P公司起诉，主张P公司复制、修改和在非苹果电脑上发行苹果公司操作软件的行为构成了版权侵权。

P公司主张《版权法》第117条授权其可以将修改Mac Os软件作为“一个实质性步骤”，以在其电脑上使用该软件。

法院意见：

地区法院判决，P公司侵犯了苹果公司经联邦登记的版权，即Mac Os X系统。P公司抗辩说苹果公司滥用版权，主张苹果公司的苹果软件许可协议（SLA）不应执行，因为该协议要求Mac Os X系统的用户只在苹果电脑上使用该软件的复制件。地区法院驳回了P公司的这一抗辩并要求P公司不得继续侵犯苹果公司的软件版权。P公司对此提出上诉，同时，P公司还对地区法院基于保密理由颁发的七个指令提出了上诉。

P公司最主要的上诉理由是地区法院应认定苹果许可协议是非法的，是把版权保护延伸到了不应由版权保护的领域。其核心理由是，《版权法》仅仅保护苹果公司软件不受到未经授权的复制和传播，但是并非软件在购买之后的使用。因此，P公司是购买了未经打开的Mac Os X系统复制品，并将其在出售计算机的时候包括在一起出售。因此，P公司主张《版权法》不应得到适用，其对软件的改变是可以允许的。P公司提出了第五巡回法院在Alcatel Usa中的判决，认为法院应该和该判决保持一致。

苹果公司回应说，要证明版权滥用的存在，P公司必须证明许可协议限制了创造性，或者限制了竞争。而其许可协议并不存在这两种情形。在Alcatel Usa中，Alcatel企图通过阻止其竞争者开发竞争性的产品来阻碍竞争，而本案中P公司可以自由开发竞争性的硬件或者软件。

2008年7月苹果公司在加州Northern地区法院起诉P公司，P公司随之抗辩说苹果公司要求购买者必须在苹果电脑上使用Mac Os X系统的行为构成了对Mac Os X版权的滥用。

2009年11月13日，地区法院支持了苹果公司关于简易判决的动议，做出了以下认定：（1）P公司的程序开发和硬件影像不构成对苹果公司操作系统的合理使用；（2）P公司侵犯了苹果公司关于创作衍生作品的排他性权利。P公司上诉。

A　软件许可协议，而不是销售，已经成为软件产业中的主流，因为许可协议可以使得许可方控制受到版权保护对象的使用。

版权法中有首次销售原则，即作品在销售之后可以被购买者再次进行销售。但是，首次销售原则不适用于作品被“出租、租赁或者以类似不转移所有权方式”的情形。因此，首次销售原则不适用于一个被许可人。法院在区分软件许可和销售时，如果满足以下Vernor案所确立的三个要件，则视为许可而非销售：（1）软件所有人明确指出用户是被授予许可；（2）软件所有人实质性的限制了用户转移软件的能力；（3）软件所有人施加了明显的使用限制。正是因为软件许可和销售之间存在这一区别，导致了软件许可近年来得到极大繁荣发展，成为软件交易的主流模式。

B　被许可人为了应对软件许可协议的大量应用，开始趋向于请求法院用版权滥用来限制这些许可协议的范围。

版权滥用是司法创制的在侵权案件中的抗辩理由。第四巡回法院于1990年第一次将滥用从专利领域扩展到版权领域。本法院在Practice Management案中支持了被告提出的版权滥用抗辩，因为版权所有人无权用许可协议禁止被许可人使用其他竞争性的产品，并指出适用版权滥用的抗辩无需证明违反反托拉斯法情形的存在。但是，在1995年第九巡回法院审理的Triad Sys. Corp. v. Se. Express Co.（1995）案中，法院没有支持被告提出的版权滥用抗辩理由。在这个法院所确立的规则就是，软件许可协议可以对被许可人使用软件施加某些限制措施，只要其不禁止竞争性产品的开发就可以。

C　P公司的滥用抗辩不能成立，因为其企图将首次销售理论适用于一个有效的许可协议。

P公司认为，本案和Triad案有所不同，因为苹果公司是企图控制Mac Os X系统在销售之后的使用，因为P公司是购买了零售包装的操作系统。P公司主张版权拥有者可以拒绝销售复制品，但是不能控制销售之后的使用。但是，这一主张错误地认为，苹果在销售零售包装的软件DVD的时候转移了Mac Os X系统的所有权。因为顾客在购买DVD的时候很清楚地知道，他们并非是在购买软件。苹果的软件许可协议已经清楚地表明了这一点。

DVD的购买者是被许可人，而非软件的所有者。苹果的许可协议规定软件仅仅被苹果公司许可给，而非售给顾客，并应按照本许可协议使用。

协议还规定苹果公司保留本苹果软件的所有权。协议还规定被许可人只能使用一个复制品，且不可以“出租\再许可”苹果软件。因此，本许可满足了Vernor案中的三个要素标准，证明本案件中是许可和被许可的关系。

和P公司的主张相反，这些许可安排在版权法中有着悠久的历史渊源。版权所有人可以使用其有限的垄断权力来要求被许可人在特定的条件下使用其作品。

D 第五巡回法院关于Alcatel案件的判决和本案有所不同

版权滥用原则并不禁止许可人设置一定许可的条件来使用版权作品，版权滥用原则禁止的是版权所有人不得设置许可条件来限制竞争。在Alcatel一案中，许可人设置的条件阻止了竞争性产品的开发，所以才构成了版权滥用。

在该案中，原告和版权持有人一起制造电话交换系统，涉及受版权保护的软件和其他很多无版权保护的成分。软件许可协议中规定：软件仅被许可与DSC硬件一起使用。所谓这些硬件包括扩展卡。为开发相兼容的卡，被告必须下载和复制软件。这就会构成对许可协议的违反。第五巡回法院认定，许可协议中的限制性条款构成了版权滥用。

和Alcatel案不同，苹果的许可协议并不限制竞争者开发他们自己的软件，也不禁止顾客在苹果电脑上使用非苹果制造的部件。相反，苹果许可协议仅仅限制苹果软件仅能在苹果电脑上使用。

评论：

司法实践证明，法院在判定版权滥用时，仍旧持非常谨慎的态度。法院并非完全不允许版权所有人通过许可协议对于被许可人施加一些限制。法院一般都会遵循Practice Management Info. Corp案的思路，重点考察版权所有人的行为是否阻碍了竞争以及是否禁止被许可人使用其他竞争性的产品。Apple，Inc. v. Psystar Corporation一案中，第九巡回法院正是再次确认这一标准，只有许可人的行为限制被许可人开发竞争性的产品时，才会构成滥用。

由于最高法院至今没有对于版权滥用规则做出明确表态，司法实践中对于版权滥用问题至今没有形成统一的看法。甚至，至今还有一些法院对版权滥用作为抗辩使用持否定态度，例如第一巡回法院。第二巡回法院则对版权滥用问题尽量回避。这一认识的混乱同样在体现在判断标准上。与公共政策标准针锋相对的，是以第十一巡回法院为代表所确立的反垄断法标准，即如果版权所有人的行为不违反反垄断法，就不构成滥用行为。换而言之，版权所有人的行为是否构成滥用取决于该行为是否构成垄断。

反垄断法标准的最大优点在于，反垄断法经历多年发展，其规则比较成熟和统一，为滥用的判断提供更为清晰的标准，减少实践中的混淆。然而，相比于公共政策标准，反垄断法标准具有很多缺陷，在操作上也会产生诸多问题。事实上，近年来，一度采取该标准的第七巡回法院也在逐渐开始质疑这一标准的合理性。第一，反垄断法须界定相关市场的概念，但是对于版权作品，尤其是艺术性或者创造性的作品而言，相关市场这一概念几乎不存在；第二，反垄断法最重视的市场力量在版权领域中影响甚微。拥有版权并不意味着拥有市场控制力，因为公众仍然可以自由创造各种作品，只要不构成抄袭。拥有版权本身并不意味着对公众对该作品必然产生需求；第三，反垄断规则的运用也不一定能够确保结果的稳定性。究竟何时构成垄断行为在不同的巡回法院之间也有不同的看法和做法。

我国现有的法律依据也体现出将版权滥用作为一个著作权法问题来处理的态度的倾向。首先，根据《著作权法》第四条第二款，“著作权人行使著作权，不得违反宪法和法律，不得损害社会公共利益。”该条款是对著作权人行使著作权的一个原则性限制，即只有在法律允许的范围内、不损害社会公共利益的前提下才能行使著作权。这一条款可以作为限制著作权滥用的一个原则性规定。其次，我国《反垄断法》第五十五条规定：“经营者依照有关知识产权的法律、行政法规规定行使知识产权的行为，不适用本法；但是，经营者滥用知识产权，排除、限制竞争的行为，适用本法。”由该条可见，如果经营者存在滥用著作权同时又排除、限制竞争的行为，将受到《反垄断法》的规制，但是该条并不排除其他可能构成滥用的行为。

然而，除《著作权法》第四条的原则性规定之外，我国目前并没有更进一步明确的规范来定义著作权滥用，这就在很大程度上制约了该条真正发挥其功效，司法实践对此也是基本空白。《国家知识产权战略纲要》中已经明确提出将防止知识产权滥用作为战略重点，版权滥用原则正日益成为我国知识产权法律框架中需要面对的重要命题，对美国相关立法和司法实践的借鉴对于我国规则的完善具有重要的意义。